초등 교과서 기초 한자 시리즈

초등학생을 위한 교과서 필수 초등한자 300자 쓰기노트

시사정보연구원 편저

시사패스

초등학생을 위한
교과서 필수 초등한자 300자 쓰기노트

3쇄 인쇄   2023년 4월 21일
3쇄 발행   2023년 5월 4일

편저자   시사정보연구원
발행인   권윤삼
발행처   도서출판 산수야

등록번호   제1-1515호
주소   서울시 마포구 월드컵로 165-4
우편번호   03962
전화   02-332-9655
팩스   02-335-0674

ISBN 978-89-8097-491-7   73710

값은 뒤표지에 있습니다. 잘못된 책은 바꾸어 드립니다.

이 책의 모든 법적 권리는 도서출판 산수야에 있습니다.
저작권법에 의해 보호받는 저작물이므로
본사의 허락 없이 무단 전재, 복제, 전자출판 등을 금합니다.

이 도서의 국립중앙도서관 출판시도서목록(CIP)은
서지정보유통지원시스템 홈페이지(http://seoji.nl.go.kr)와
국가자료공동목록시스템(http://www.nl.go.kr/kolisnet)에서 이용하실 수 있습니다.
(CIP제어번호: CIP2020002151)

★ 머리말

어휘력과 이해력 향상으로 성적이 쑥쑥 올라가는 일석이조* 효과
단기간에 정복하는 초등학교 필수 기초 한자 300자

*일석이조(一石二鳥); 돌 한 개를 던져 새 두 마리를 잡는다는 뜻으로, 동시에 두 가지 이득을 봄을 이르는 말.

어린이 여러분들은 우리가 사용하는 언어의 약 70퍼센트가 한자어로 구성되어 있다는 사실을 알고 있나요? 국어사전에 있는 단어들도 순 한글을 제외하면 거의가 한자어로 구성되어 있어요. 특히 사회나 과학, 수학 용어들은 대부분 한자어로 구성되어 있기 때문에 초등학교 교과서에도 한자를 병기하기로 했답니다. 한자의 뜻을 알면 단어가 포함하고 있는 의미를 알 수 있기 때문에 이해도 빠르고 활용하는 능력도 생겨서 스스로 공부하는 데 도움이 돼요.

한자는 영어나 중국어처럼 생소한 언어가 아니랍니다. 우리의 일상생활 속에서 늘 사용하는 언어로 자리매김하고 있지요. 바로 국어, 사회, 과학, 학습, 학교, 가정, 부모, 친구, 친척 등 한자어로 된 단어들이 생소하지 않는 데서 알 수 있어요.

우리 친구들은 부모님과 대화를 나눌 때 뜻을 정확하게 알지 못하는 단어들 때문에 힘들었던 적은 없었나요? 어려운 단어를 사용하는 친구들과 이야기할 때 가끔은 이해가 되지 않을 때도 있었을 거예요. 이런 일들은 어휘력이 부족할 때 생기는 일이랍니다. 어휘력은 단어들의 의미를 정확하게, 많이 알고 있을 때 실력이 느는 법이지요. 이처럼 한자 공부는 한자 하나하나의 의미를 되새겨서 그 뜻을 파악하는 데 의의가 있답니다.

시사패스에서는 초등 교과과정 개편에 즈음하여 눈으로 보고, 손으로 쓰고, 입으로 말하면서 익히는 『초등학생을 위한 교과서 필수 초등 한자 300자 쓰기노트』를 내놓게

되었어요. 초등 한자 300자는 한자 급수 6급에 해당하는 한자들이니 이 책을 공부하면 급수 한자 시험도 대비할 수가 있답니다.

　조선시대 최고의 독서왕, 이덕무는 "책은 눈으로 보고 입으로 읽는 것이 손으로 써 보는 것만 못하다. 손이 움직이면 마음이 반드시 따라가기 마련이다."라며 따라 쓰기의 중요성을 강조했어요. 손으로 쓰면서 한자를 익히면 뇌 발달과 기억력이 높아진다는 연구결과들이 말해 주듯이 이 책은 쉽고 빠르게 한자를 쓰면서 익힐 수 있도록 구성되어 있답니다. 한자를 정확하고 예쁜 글씨로 익힐 수 있도록 자세한 획순과 부수, 관련 단어까지 한 권에 담았어요. 각 한자별 단어들을 공부하면 어휘력이 늘고 이해력 또한 좋아져서 공부에 도움이 되니 이 책으로 어린이 여러분의 숨은 실력을 펼쳐 보세요.

이 책의 특징

- **한자 맛보기**

'혹시 한자가 어렵지는 않을까' 라고 생각하는 어린이들을 위해 한자의 원리를 깨치는 데 목표를 두고 구성했어요.

- **한자 익히기**

한자의 변천 과정과 흥미롭고 재미있는 풀이를 통하여 쉽고 체계적으로 학습할 수 있도록 구성했어요.

- **어휘력 쌓기**

공부한 한자를 바로 활용하여 어휘력을 높일 수 있도록 문장을 구성했어요. 어휘력을 높이면 이해력이 높아져 국어 실력뿐만 아니라 사회나 과학, 수학까지도 재미있게 공부할 수 있어요.

- **한자능력시험 8급~6급**

한자능력시험 8급~6급을 한 권으로 끝낼 수 있어요. 기출문제는 응시하는 곳 홈페이지에서 무료로 사용할 수 있으니 참고하세요.

★ 한자의 형성 원리를 배워요

1. 한자는 실제 모양과 형태를 본뜬 글자예요. 상형문자라고 하지요.

2. 실제 모양으로 나타낼 수 없는 것은 점이나 선이나 부호로 그려 글자를 만들어요. 지사문자라고 하지요.

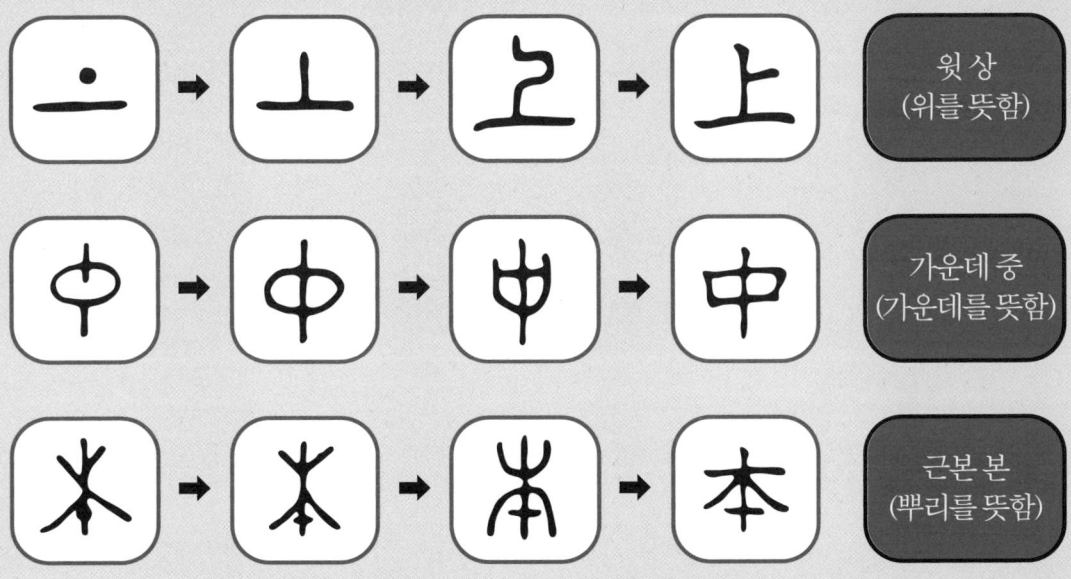

3. 이미 만들어진 글자를 둘 이상 합쳐서 새로운 글자를 만들어요.
   회의문자나 형성문자라고 하지요.

밭에서 힘써 일하는 사람을 남자로 나타냈답니다.

해와 달이 같이 있으니 엄청 밝다는 뜻이 된답니다.

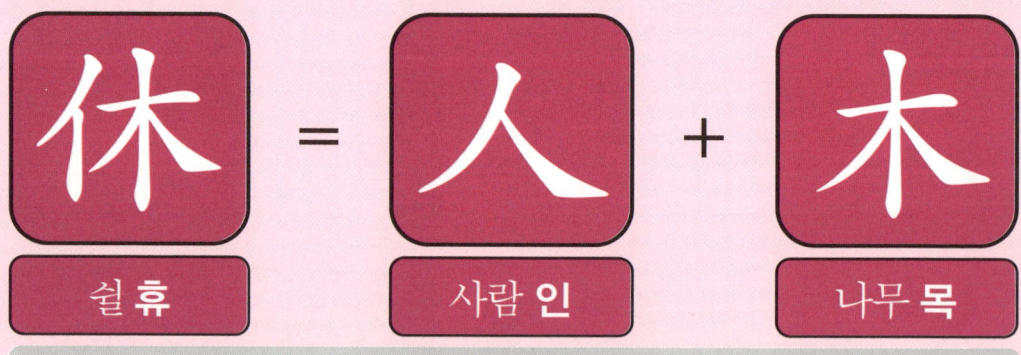

사람이 나무 아래서 쉬고 있다는 뜻이랍니다.

★ 한자 쓰기의 기본 원칙을 배워요

1. 위에서 아래로 쓴다.

| 言 말씀 언 | 一 二 三 亖 言 言 言 |
| 雲 구름 운 | 一 二 戸 币 币 雨 雨 雪 雪 雲 雲 |

2. 왼쪽에서 오른쪽으로 쓴다.

| 江 강 강 | 、 冫 氵 沪 江 江 |
| 例 법식 예 | 丿 亻 仁 仁 伢 伢 例 例 |

3. 가로획과 세로획이 겹칠 때는 가로획을 먼저 쓴다.

| 用 쓸 용 | 丿 冂 月 月 用 |
| 共 함께 공 | 一 十 卄 共 共 共 |

4. 삐침과 파임이 만날 때는 삐침을 먼저 쓴다.

| 人 사람 인 | 丿 人 |
| 文 글월 문 | 、 一 亠 文 |

5. 좌우가 대칭될 때에는 가운데를 먼저 쓴다.

| 小 작을 소 | 亅 小 小 |
| 承 받들 승 | 乛 了 了 手 手 承 承 |

7

6. 둘러 싼 모양으로 된 자는 바깥쪽을 먼저 쓴다.

同 같을 동	丨 冂 冂 同 同 同
病 병날 병	丶 亠 广 广 疒 疒 疒 病 病 病

7. 글자를 가로지르는 가로획은 나중에 긋는다.

女 여자 녀	く 夊 女
母 어미 모	く 꺼 廾 毋 母

8. 글자 전체를 꿰뚫는 세로획은 나중에 쓴다.

車 수레 거	一 厂 厂 曰 曱 亘 車
事 일 사	一 厂 厂 曰 亭 亨 亨 事

9. 책받침(辶,廴)은 나중에 쓴다

近 원근 근	丿 厂 斤 斤 沂 沂 近
建 세울 건	一 コ ヨ ヨ 聿 聿 垂 建 建

10. 오른쪽 위에 점이 있는 글자는 그 점을 나중에 찍는다.

犬 개 견	一 ナ 大 犬
成 이룰 성	丿 厂 厂 厃 成 成 成

★ 초등 기초 한자 50자를 5자로 묶었어요. 급수 한자 8급이니 노래를 부르듯 익혀요!

★ 초등 기초 한자 100자랍니다. 급수 한자 7급에 해당하니 노래를 부르듯 익혀요!

時 시	食 식	植 식	心 심	安 안
語 어	然 연	午 오	右 우	有 유
育 육	邑 읍	入 입	自 자	子 자
字 자	場 장	電 전	全 전	前 전
正 정	祖 조	足 족	左 좌	主 주
住 주	重 중	紙 지	地 지	直 직
川 천	千 천	天 천	草 초	村 촌
秋 추	春 춘	出 출	便 편	平 평
下 하	夏 하	漢 한	海 해	話 화
花 화	活 활	孝 효	後 후	休 휴

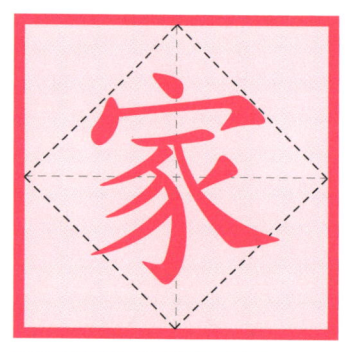

집 가

宀(갓머리) 총 10획

家門 가문	집안과 문중(門中) 대대로 내려오는 그 집안의 신분. (門 문 문)
家寶 가보	한 집안에서 대를 물려 전해 오거나 전해질 보배로운 물건. (寶 보배 보)

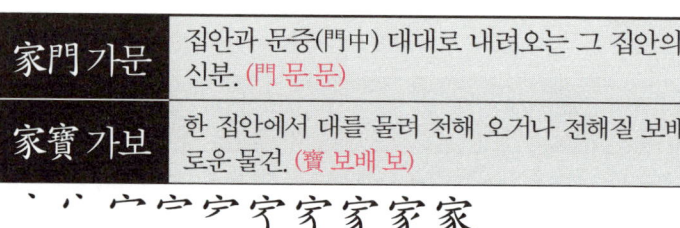

노래 가

欠(하품흠) 총 14획

歌手 가수	노래 부르는 것을 직업(職業)으로 삼는 사람. (手 손 수)
歌詞 가사	가곡, 가요, 오페라 따위로 불릴 것을 전제로 하여 쓰인 글. (詞 말 사)

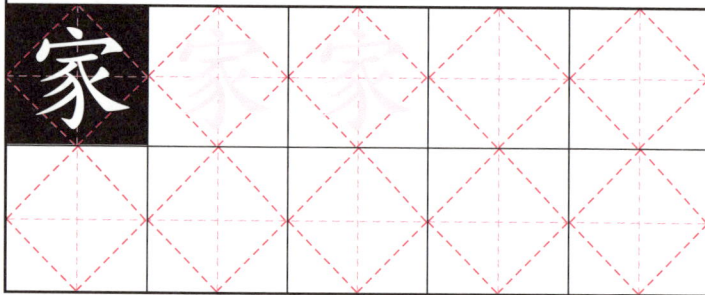

뿔 각

角(뿔각) 총 7획

角度 각도	①각의 크기. ②생각의 방향이나 관점, 일이 전개(展開)되는 방면. (度 법도 도)
角字 각자	도안이나 무늬로 쓰는 네모난 글자. (字 글자 자)

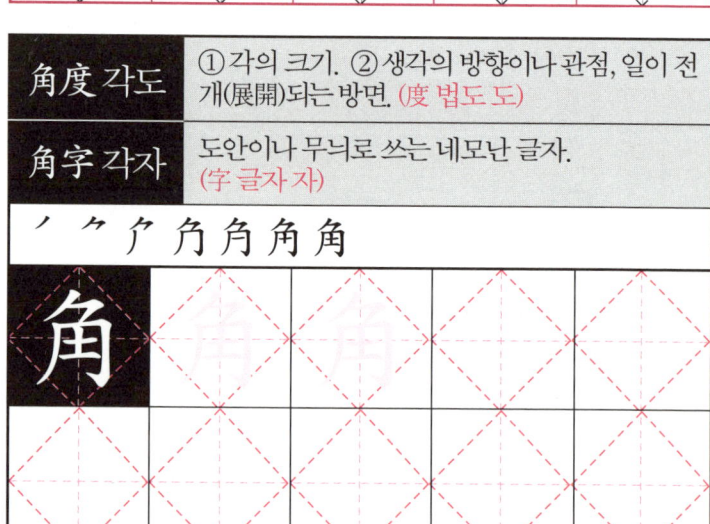

각각 각

口(입구) 총 6획

各界 각계	사회의 각 분야. (界 지경 계)
各自 각자	① 각각의 자기 자신. ② 각각의 사람이 따로따로. (自 스스로 자)

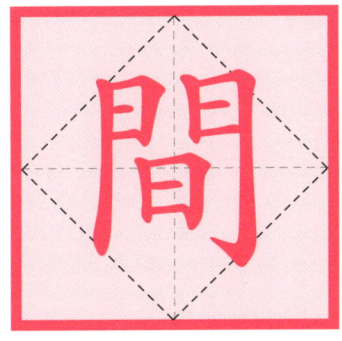

사이 간

門(문문) 총 12획

間接 간접	중간에 매개(媒介)가 되는 사람이나 사물 따위를 통하여 맺어지는 관계. (接 이을 접)
間食 간식	끼니와 끼니 사이에 음식을 먹음. 또는 그 음식. (食 밥 식)

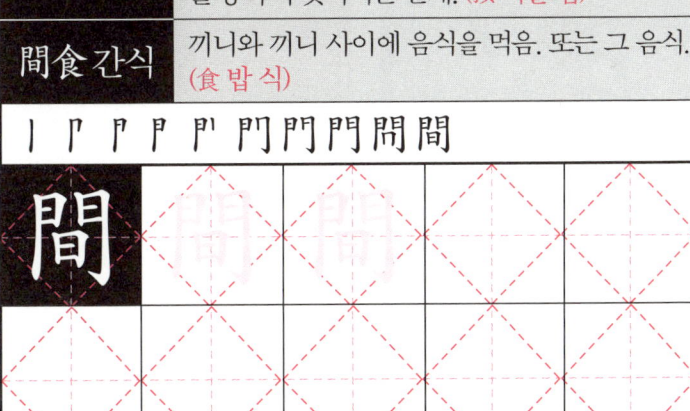

느낄 감

心(마음심) 총 13획

感想 감상	마음속에서 일어나는 느낌이나 생각. (想 생각 상)
感化 감화	좋은 영향을 받아 생각이나 감정이 바람직하게 변화함. 또는 그렇게 변하게 함. (化 될 화)

江山 강산	① 강과 산이라는 뜻으로 자연의 경치를 이르는 말. ② 나라의 영토를 이르는 말. (山 메 산)
漢江 한강	태백산맥에서 발원하여 강원도·충청북도·경기도·서울특별시를 지나 황해로 흐르는 강. 아리수, 한수 등으로 불림. (漢 한수 한)

丶 丶 氵 氵 江 江

강 강

氵(삼수변) 총 6획

强力 강력	힘이나 영향이 강함. (力 힘 력)
强調 강조	어떤 부분을 특별히 강하게 주장하거나 두드러지게 함. (調 고를 조)

굳셀 강

弓(활궁) 총 12획

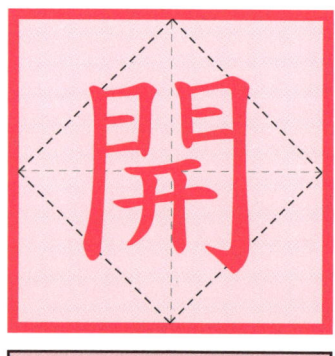

開幕 개막	① 막을 열거나 올린다는 뜻으로, 연극, 음악회, 행사를 시작함. ② 어떤 시대나 상황의 시작을 비유적으로 이름. (幕 장막 막)
開發 개발	① 토지나 천연자원 따위를 유용하게 만듦. ② 지식이나 재능 따위를 발달하게 함. ③ 산업이나 경제 따위를 발전하게 함. (發 필 발)

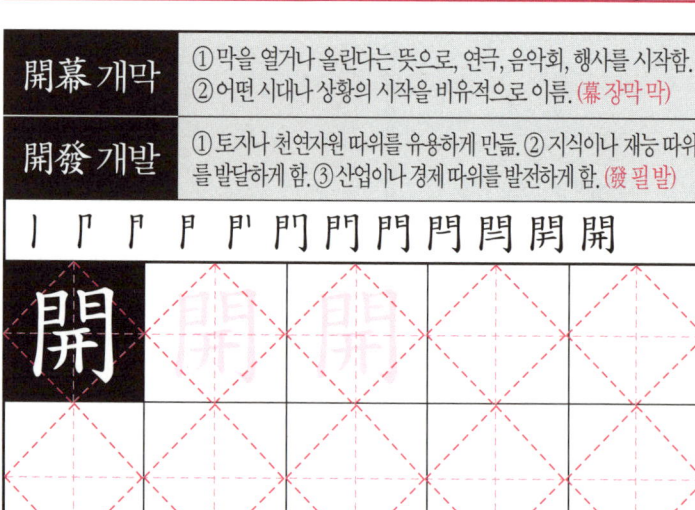

열 개

門(문문) 총 12획

수레 거, 수레 차
車(수레거) 총 7획

車票 차표	차를 타려고 일정한 찻삯을 주고 산, 차를 탈 수 있음을 증명한 표. (票 표 표)
車馬費 거마비	수레와 말을 타는 비용이라는 뜻으로, '교통비'를 이르는 말. (馬 말 마, 費 쓸 비)

一 ㄒ 厂 戸 百 亘 車

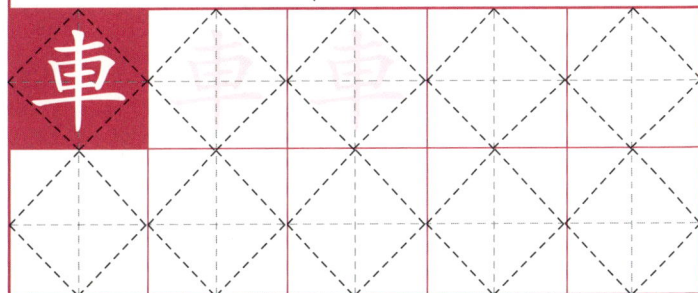

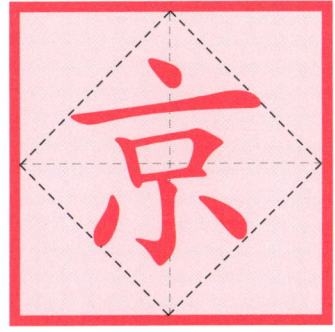

서울 경
亠(돼지해머리) 총 8획

京鄕 경향	서울과 시골을 아울러 이르는 말. (鄕 시골 향)
開京 개경	'개성(開城)'의 옛 이름. 고려 태조 왕건이 왕위에 오른 이듬해에 궁궐을 새로 지어 도읍지로 정한 곳. (開 열 개)

丶 一 亠 十 古 亨 亨 京

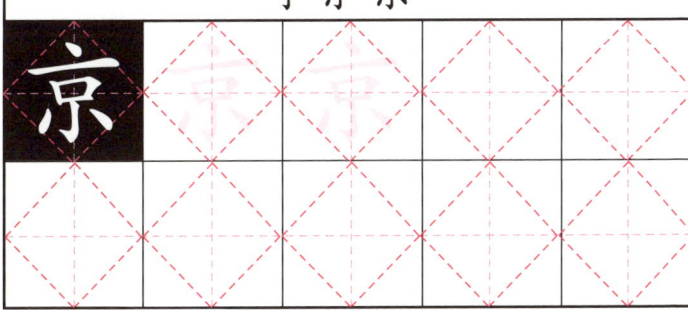

지경 계
田(밭전) 총 9획

限界 한계	사물이나 능력, 책임 따위가 실제 작용할 수 있는 범위. 또는 그런 범위를 나타내는 선. (限 한할 한)
世界 세계	① 지구 상의 모든 나라. 또는 인류 사회 전체. ② 대상이나 현상의 모든 범위. (世 대 세, 인간 세)

丨 冂 冂 田 田 罘 界 界 界

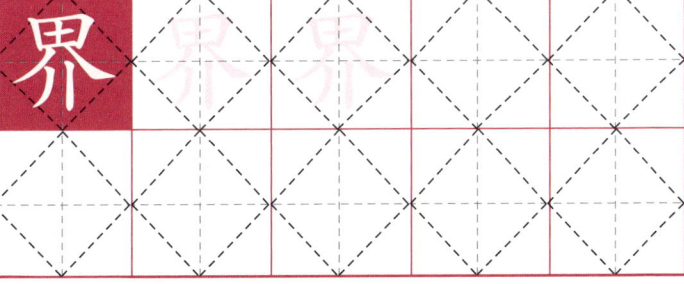

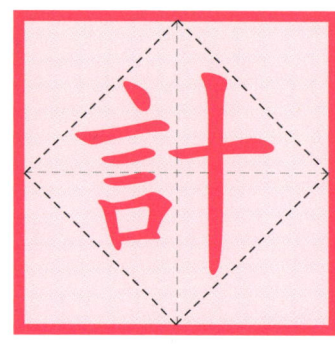

計量 계량	① 수량을 헤아림. ② 부피, 무게 따위를 잼. (量 헤아릴 량)
計策 계책	어떤 일을 이루기 위하여 꾀나 방법을 생각해 냄. 또는 그 꾀나 방법. (策 꾀 책)

셀 계

言 (말씀언) 총 9획

高價 고가	비싼 가격. 또는 값이 비싼 것. (價 값 가)
高原 고원	보통 해발 고도 600미터 이상에 있는 비교적 연속된 넓은 벌판을 가진 지역. (原 언덕 원)

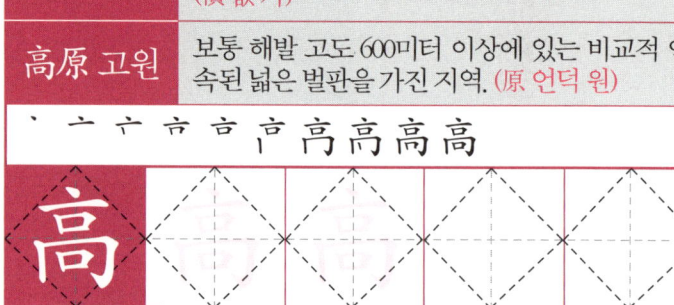

높을 고

高(높을고) 총 10획

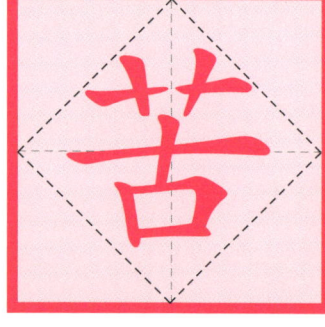

苦生 고생	어렵고 고된 일을 겪음. 또는 그런 일이나 생활. (生 날 생)
苦心 고심	몹시 애를 태우며 마음을 씀. (心 마음 심)

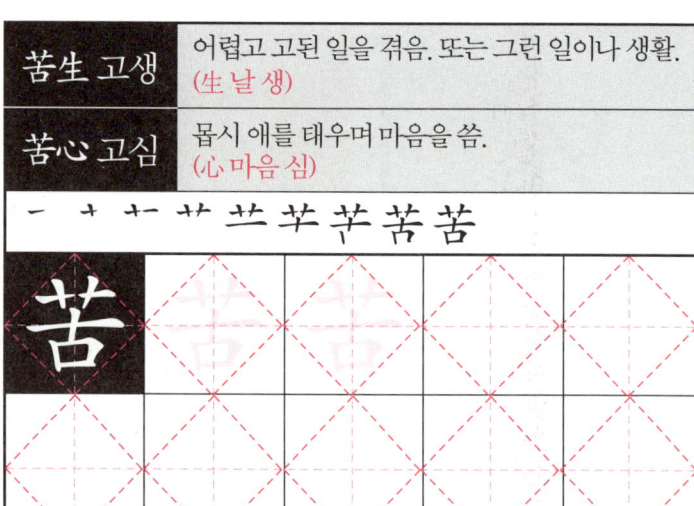

쓸 고

艹(초두머리) 총 9획

옛 고

口(입구) 총 5획

古家 고가	지은 지 오래된 집. (家 집 가)
古跡 고적	옛 문화를 보여 주는 건물이나 터. (跡 발자취 적)

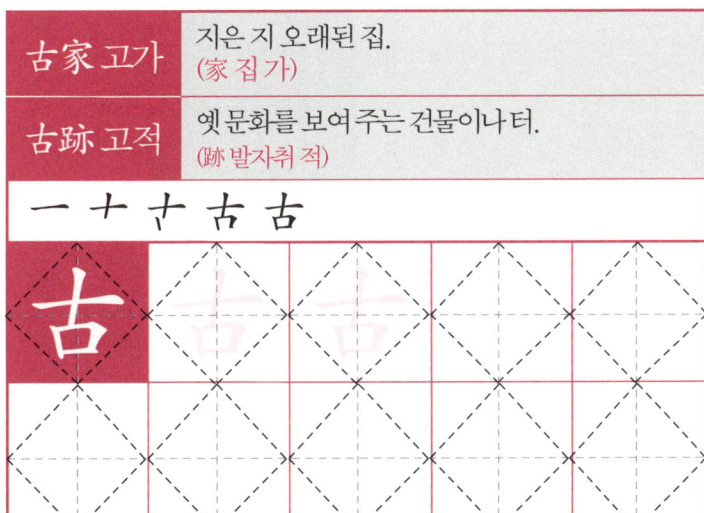

장인 공

工(장인공) 총 3획

工場 공장	원료나 재료를 가공하여 물건을 만들어 내는 설비를 갖춘 곳. (場 마당 장)
工程 공정	① 일이 진척되는 과정이나 정도. ② 한 제품이 완성되기까지 거쳐야 하는 하나하나의 작업 단계. (程 한도 정)

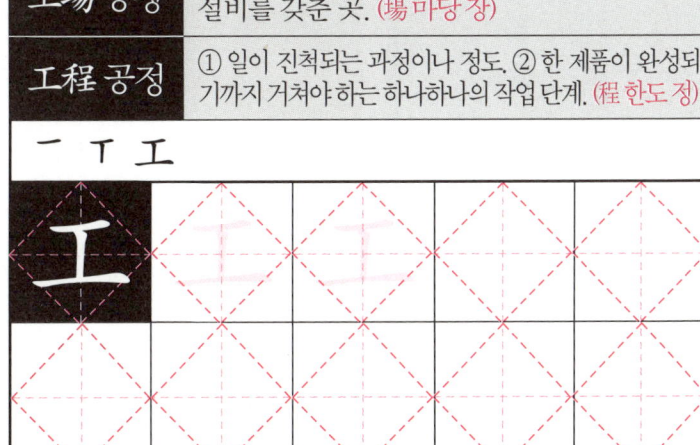

빌 공

穴(구멍혈) 총 8획

空間 공간	①아무것도 없는 빈 곳. ②물리적으로나 심리적으로 널리 퍼져 있는 범위. ③영역이나 세계를 이르는 말. (間 사이 간)
空想 공상	현실적이지 못하거나 실현될 가망이 없는 것을 막연히 그리어 봄. 또는 그런 생각. (想 생각 상)

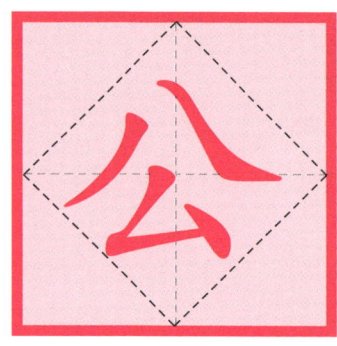

公共 공공	국가나 사회의 구성원에게 두루 관계되는 것. (共 한가지 공)
公約 공약	정부, 정당, 입후보자 등이 어떤 일에 대하여 국민에게 실행할 것을 약속함. 또는 그런 약속. (約 맺을 약)

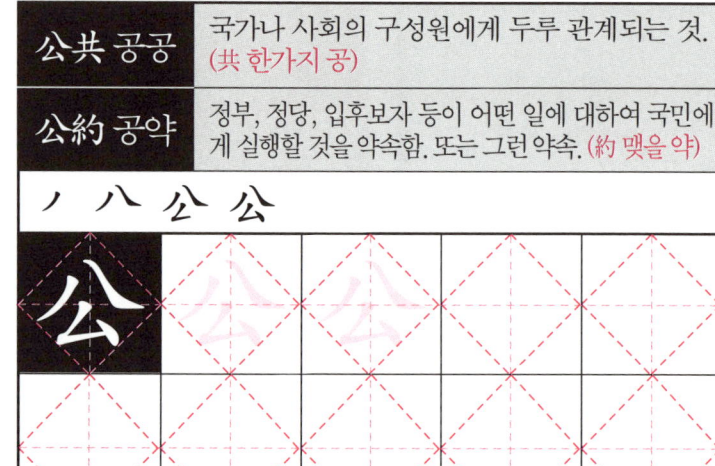

공평할 공

八(여덟팔) 총 4획

功過 공과	공로와 과실을 아울러 이르는 말. (過 지날 과)
功德 공덕	착한 일을 하여 쌓은 업적과 어진 덕. (德 큰 덕)

공 공

力(힘력) 총 5획

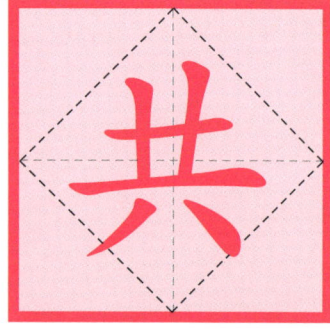

共有 공유	두 사람 이상이 한 물건을 공동으로 소유함. (有 있을 유)
共通 공통	둘 또는 그 이상의 여럿 사이에 두루 통하고 관계됨. (通 통할 통)

함께 공, 한가지 공

八(여덟팔) 총 6획

과목 과, 과정 과
禾(벼화) 총 9획

科田 과전	과전법에 따라 관원에게 나누어 주던 토지. (田 밭 전)
科長 과장	대학이나 병원 따위에서 한 과(科)의 운영을 책임지는 직책. 또는 그 직책을 맡고 있는 책임자. (長 어른 장)

실과 과
木(나무목) 총 8획

落果 낙과	열매가 나무에서 떨어짐. 또는 그 열매. 떨어진 열매. (落 떨어질 락)
果實 과실	① 과일. ② 열매. (實 열매 실)

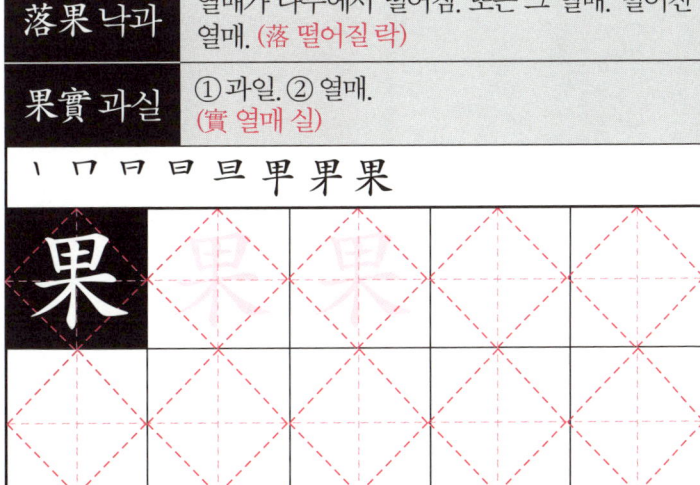

빛 광
儿(어진사람인발) 총 6획

光景 광경	벌어진 일의 형편과 모양. (景 볕 경)
光彩 광채	① 아름답고 찬란한 빛. ② 정기 있는 밝은 빛. ③ 섬뜩할 정도로 날카로운 빛. (彩 채색 채)

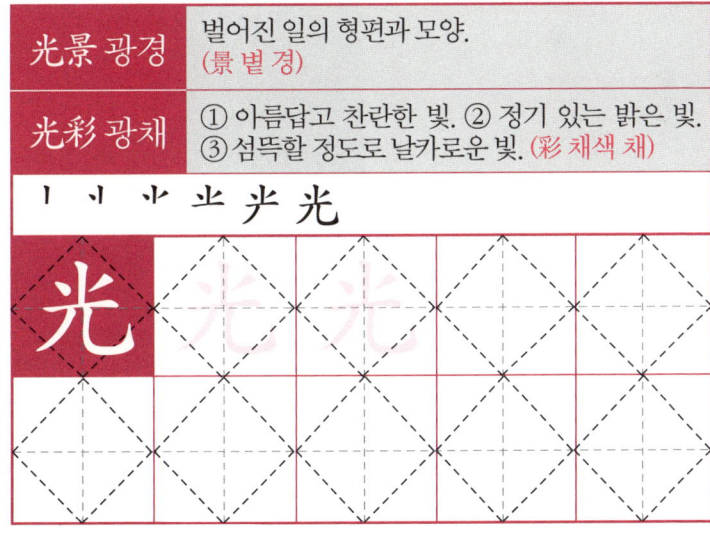

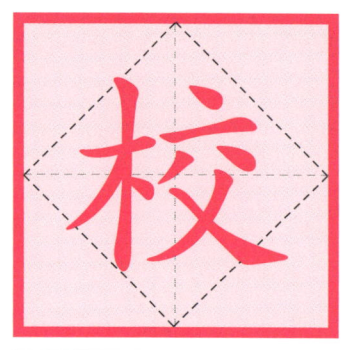

校歌 교가	학교를 상징하는 노래로 학교의 교육 정신, 이상, 특성 따위를 담고 있음. (歌 노래 가)
母校 모교	자기(自己)가 졸업(卒業)한 학교(學校). (母 어미 모)

一 十 才 木 木 杧 杧 柈 柈 校

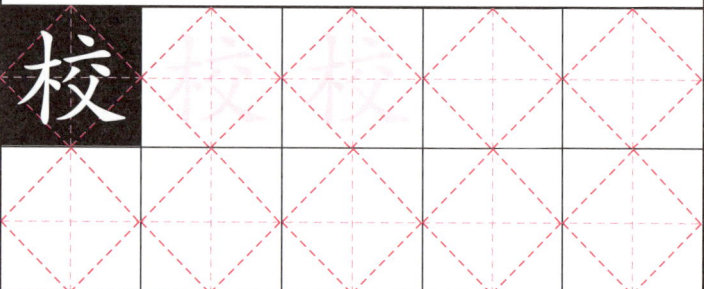

학교 교

木(나무목) 총 10획

敎育 교육	가르치어 지능(知能)을 가지게 하는 일. (育 기를 육)
敎訓 교훈	가르치고 깨우침, 타이름, 훈계(訓戒)함. (訓 훈계 훈)

丿 乂 爻 考 孝 孝 孝 敎 敎 敎

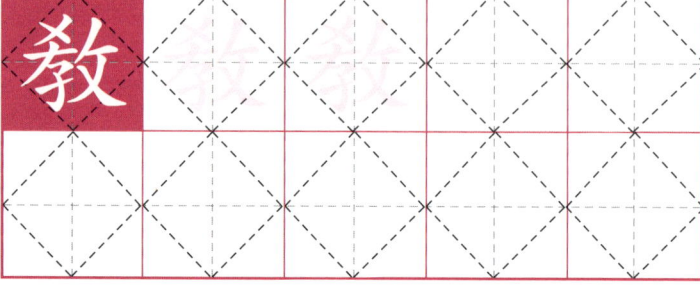

가르칠 교

攵(등글월문) 총 11획

交流 교류	① 근원이 다른 물줄기가 서로 섞이어 흐름. ② 문화나 사상 따위가 서로 통함. (流 흐를 류)
交易 교역	주로 나라와 나라 사이에서 물건을 사고팔고 하여 서로 바꿈. (易 바꿀 역)

丶 亠 亣 六 交 交

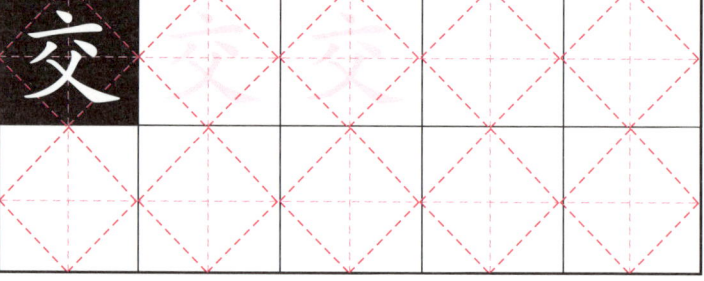

사귈 교

亠(돼지해머리) 총 6획

九十 구십	아흔의 한자어(漢字語). (十 열 십)
九天 구천	하늘의 가장 높은 곳, 또는 하늘 위. 대지(大地)를 중심(中心)으로 한 아홉 하늘. (天 하늘 천)

ノ九

아홉 구
乙(새을) 총 2획

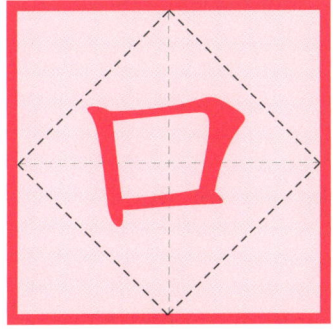

口腔 구강	입 안의 빈 곳. 곧 소화관(消化管)의 맨 앞 끝 부분(部分)으로 입에서 목구멍에 이르는 부분(部分). (腔 빈속 강)
口實 구실	핑계를 삼을 만한 재료. (實 열매 실)

丨冂口

입 구
口(입구) 총 3획

球面 구면	①공 또는 둥근 물체의 겉면. ②삼차원 공간에서 일정한 점으로부터 일정한 거리에 있는 점의 자취. (面 낯 면)
球形 구형	공같이 둥근 형태. (形 모양 형)

一 二 于 王 王⁻ 玌 玌 玶 玶 球 球

공 구
王(구슬옥변) 총 11획

區間 구간	① 어떤 지점과 다른 지점과의 사이. ② 수직선 위에서 두 실수 사이에 있는 모든 실수의 집합. (間 사이 간)
區域 구역	일정한 기준에 의하여 갈라놓은 지역이나 범위. (域 지경 역)

一 丆 드 듀 듀 品 品 品 品 品 區

구분할 구, 지경 구

匸(감출혜몸) 총 11획

國益 국익	나라의 이익. (益 더할 익)
國家 국가	일정한 영토와 거기에 사는 사람들로 구성되고, 주권(主權)에 의한 하나의 통치 조직을 가지고 있는 사회 집단. (家 집 가)

丨 冂 冂 冂 同 同 冋 國 國 國 國

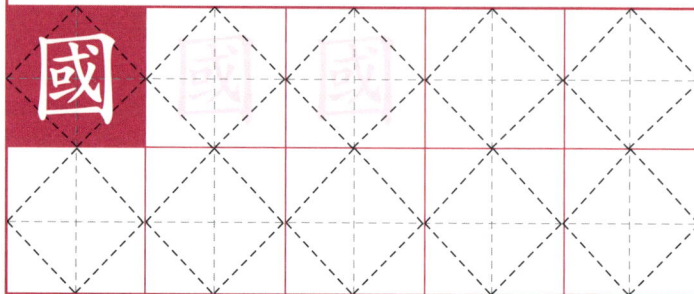

나라 국

口(큰입구몸) 총 11획

國軍 국군	나라의 군대(軍隊), 대한민국(大韓民國)의 군대(軍隊). (國 나라 국)
軍隊 군대	일정(一定)한 조직(組織) 편제(編制)를 가진 군인(軍人)의 집단(集團). (隊 무리 대)

丨 冂 冂 冃 皀 皀 宣 宣 軍

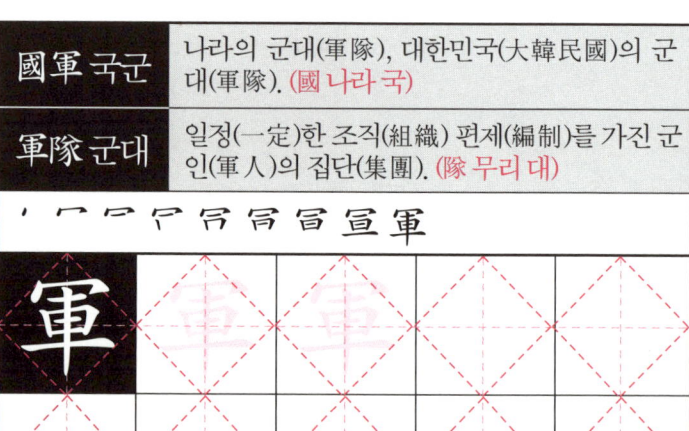

군사 군

車(수레거) 총 9획

郡民 군민	그 군(郡)에 사는 사람. (民 백성 민)
郡守 군수	군(郡)의 행정을 맡아보는 으뜸 직위에 있는 사람. 또는 그 직위. (守 지킬 수)

ㄱ ㄱ ㄱ 尹 尹 君 君 君' 君阝 郡

고을 군

阝(우부방) 총 10획

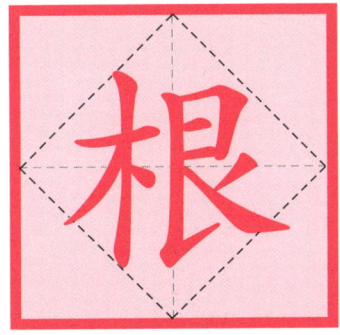

根據 근거	① 근본이 되는 거점. ② 어떤 일이나 의논, 의견에 그 근본이 됨. 또는 그런 까닭. (據 근거 거)
根源 근원	① 물줄기가 나오기 시작하는 곳. ② 사물이 비롯되는 근본이나 원인. (源 근원 원)

一 十 才 木 木 朩 朩 柯 根 根 根

뿌리 근

木 (나무목) 총 10획

近視 근시	가까운 데 있는 것은 잘 보아도 먼 데 있는 것은 선명하게 보지 못하는 시력. (視 볼 시)
近處 근처	가까운 곳. (處 곳 처)

' ㄱ ㄷ 斤 沂 近

가까울 근

辶(책받침) 총 8획

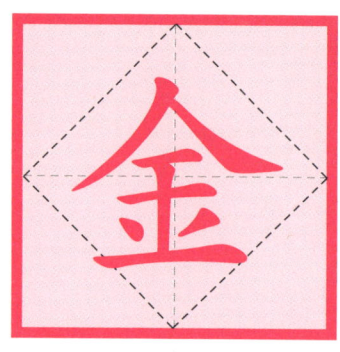

쇠금, 성씨 김

金(쇠금) 총 8획

金剛山 금강산	강원도 북부에 있으며 기암괴석이 많고 경치가 아름다워 금강산(봄), 봉래산(여름), 풍악산(가을), 개골산(겨울)으로 불림. 높이 1,638미터. (剛 굳셀 강, 山 메 산)
年金 연금	정부(政府)나 회사(會社) 또는 단체(團體)가 일정(一定)한 동안 어떠한 개인(個人)에게 해마다 주는 돈. (年 해 년, 해 연)

ノ 𠆢 亼 亽 仐 슌 余 金

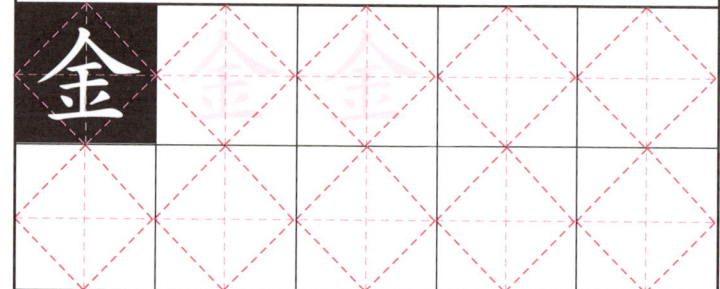

이제 금

人(사람인) 총 4획

今方 금방	방금. (方 모 방)
今番 금번	이번. (番 차례 번)

ノ 𠆢 亼 今

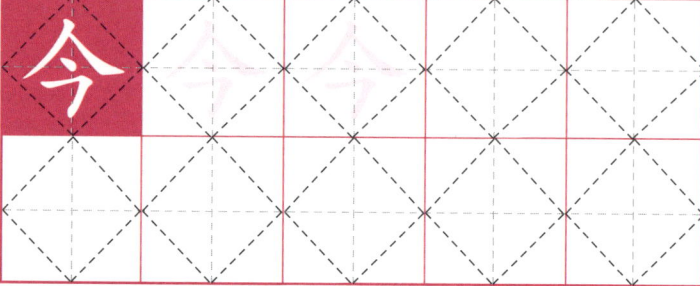

급할 급

心(마음심) 총 9획

急流 급류	① 물이 빠른 속도로 흐름. 또는 그 물. ② 어떤 현상이나 사회의 급작스러운 변화를 비유적으로 이르는 말. (流 흐를 류)
急所 급소	① 조금만 다쳐도 생명에 지장을 주는 몸의 중요한 부분. ② 사물의 가장 중요한 곳. (所 바 소)

ノ 勹 ク 刍 刍 急 急 急 急

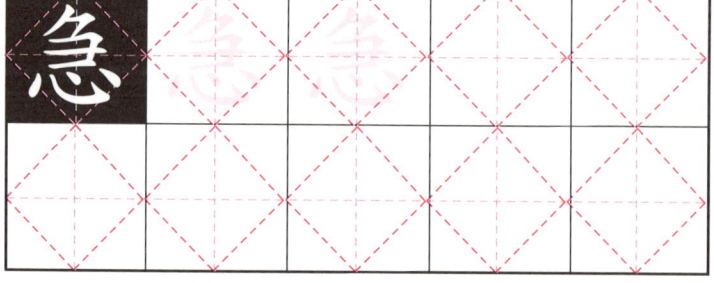

등급 급

糸(실사) 총 10획

級友 급우	같은 학급에서 함께 공부하는 친구. (友 벗 우)
階級 계급	사회나 일정한 조직 내에서의 지위, 관직 따위의 단계. (階 섬돌 계)

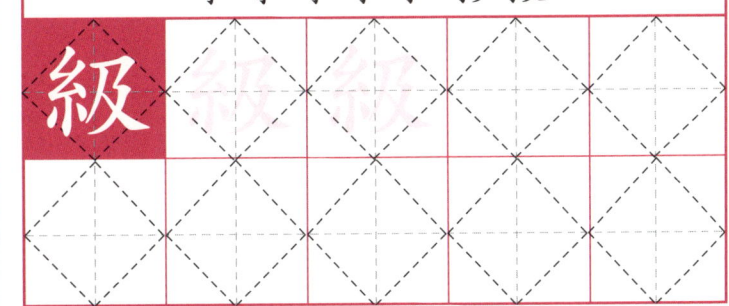

기운 기

气(기운기엄) 총 10획

氣溫 기온	대기의 온도. 보통 지면에서 1.5미터 높이의 백엽상 속에 놓인 온도계로 잰 온도. (溫 따뜻할 온)
氣候 기후	①기온, 비, 눈, 바람 따위의 대기 상태. ②일정한 지역에서 여러 해에 걸쳐 나타난 기온, 비, 눈, 바람의 평균 상태. (候 기후 후)

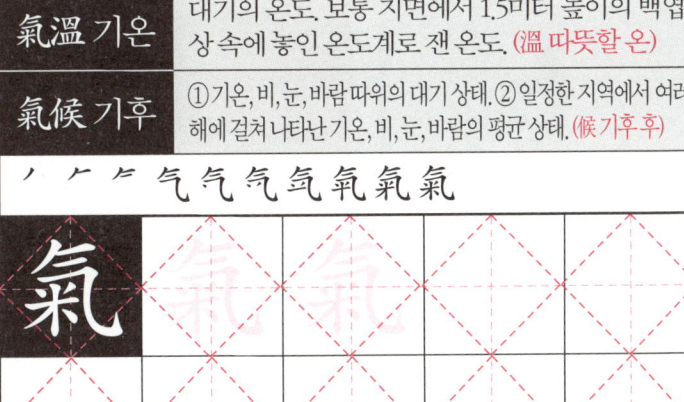

기록할 기

言(말씀언) 총 10획

記憶 기억	①지난 일을 잊지 않고 외어 둠. 또는 그 내용 ②계산에 필요한 정보를 필요한 시간만큼 수용하여 두는 기능. (憶 생각할 억)
記號 기호	어떠한 뜻을 나타내기 위하여 쓰이는 부호, 문자, 표지 따위를 통틀어 이르는 말. (號 이름 호)

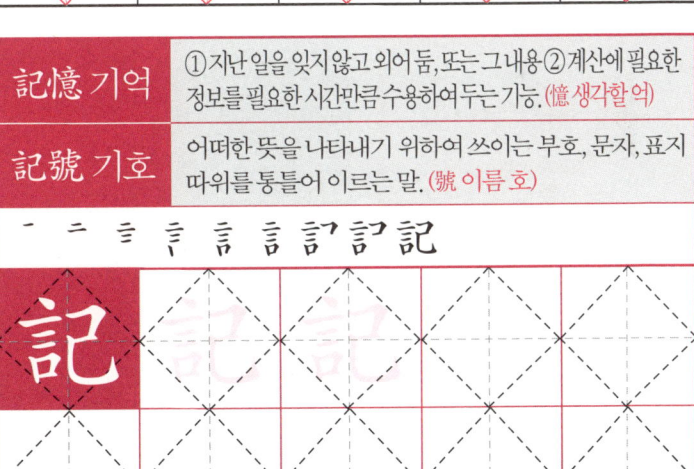

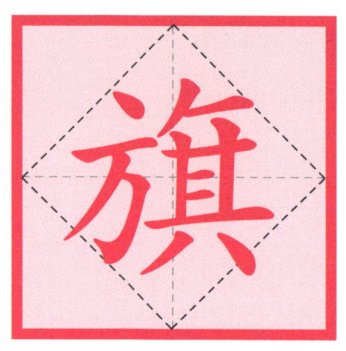

기 기

方(모방) 총 14획

旗手 기수	①행사 때 대열의 앞에 서서 기를 드는 사람. ②사회 활동에 앞장서서 이끄는 사람을 비유적으로 이르는 말. (手 손 수)
旗號 기호	①기(旗)의 표장(標章). ②기(旗)의 신호(信號). (號 이름 호)

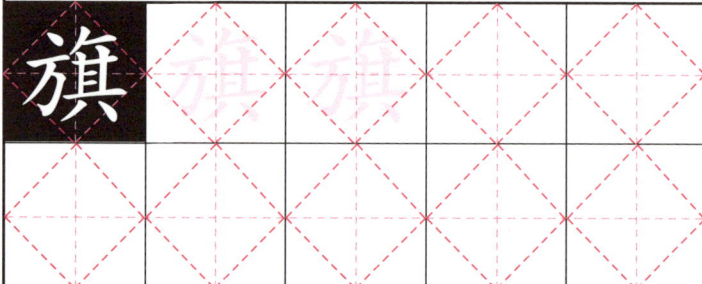

남녘 남

十(열십) 총 9획

南北 남북	남쪽과 북쪽. (北 북녘 북)
南海 남해	남쪽에 있는 바다. (海 바다 해)

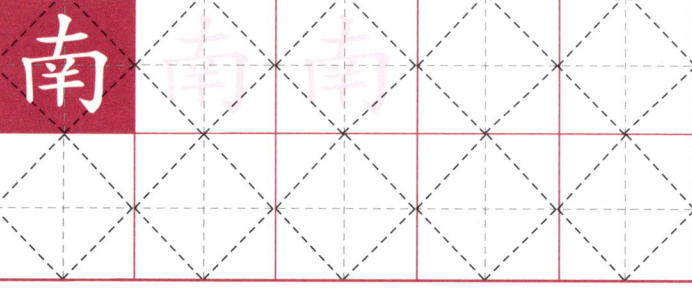

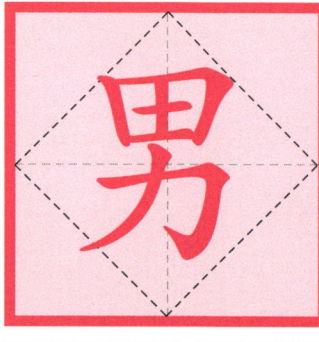

사내 남

田(밭전) 총 7획

男子 남자	①남성(男性)으로 태어난 사람. ②사내다운 사내. (子 아들 자)
男女 남녀	남자(男子)와 여자(女子). (女 여자 녀)

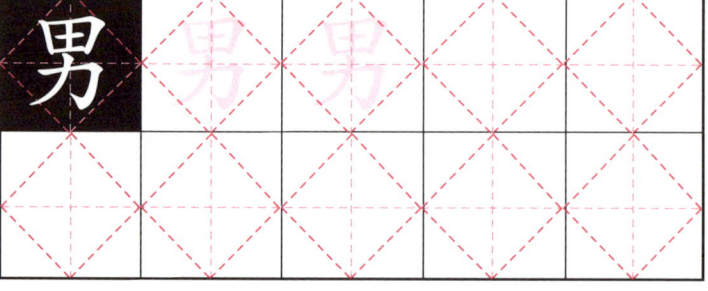

안 **내**, 들일 **납**

入(들입) 총 4획

內實 내실	내적(內的)인 가치(價値)나 충실성. (實 열매 실)
內容品 내용품	속에 들어 있는 물품(物品). (容 얼굴 용, 品 상품 품)

丨 冂 內 內

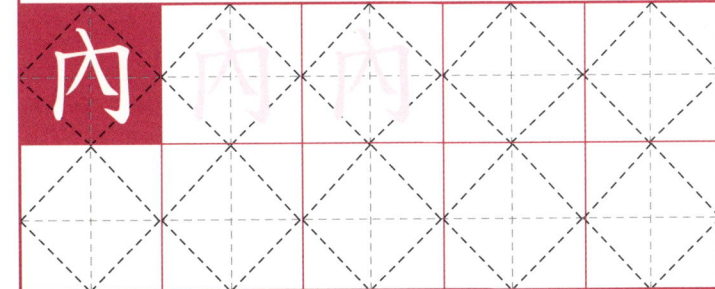

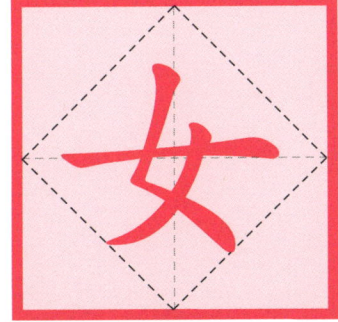

여자 **녀**

女(여자녀) 총 3획

女子 여자	여성(女性). (子 아들 자)
子女 자녀	아들과 딸을 아울러 이르는 말. (子 아들 자)

く 夊 女

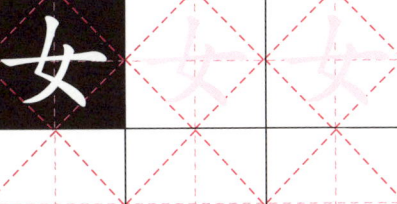

해 **년**, 해 **연**

干(방패 간) 총 6획

來年 내년	올해의 다음 해, 명년(明年). (來 올 래, 올 내)
每年 매년	매해, 하나하나의 모든 해. (每 매양 매)

丿 ㅅ ㅌ ㅌ 드 年

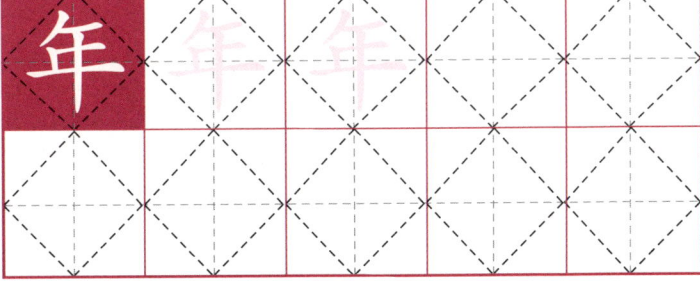

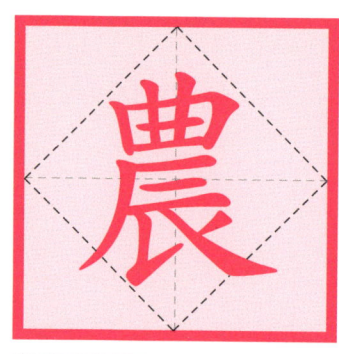

農事 농사	논밭을 갈라 농작물(農作物)을 심어 가꾸고 거두어들이는 일.(事 일 사)
農村 농촌	농토(農土)를 끼고 농사(農事)를 짓는 사람들이 사는 마을.(村 마을 촌)

ㅣ ㄇ ㅁ 由 曲 曲 曲 芦 芦 芦 農 農 農

농사 농

辰(별진) 총 13획

多數 다수	수효가 많음.(數 셈 수)
多少 다소	① 분량이나 정도의 많음과 적음. ② 작은 정도. ③ 어느 정도로.(少 적을 소)

ノ クタタ 多 多

많을 다

夕(저녁석) 총 6획

短點 단점	잘못되고 모자라는 점.(點 점 점)
短縮 단축	시간이나 거리 따위가 짧게 줄어듦. 또는 그렇게 줄임.(縮 줄일 축)

ノ ㅅ ㄴ 두 矢 矢 知 知 知 短 短

짧을 단

矢(화살시) 총12획

答辯 답변	물음에 대하여 밝혀 대답함. 또는 그런 대답. (辯 말씀 변)
答禮 답례	말, 동작, 물건 따위로 남에게서 받은 예(禮)를 도로 갚음. 또는 그 예. (禮 예도 례)

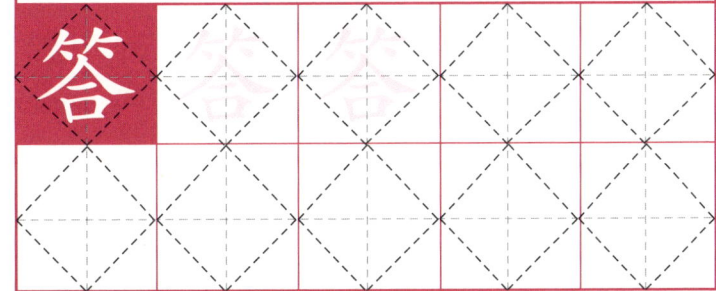

대답할 답

竹(대죽) 총 12획

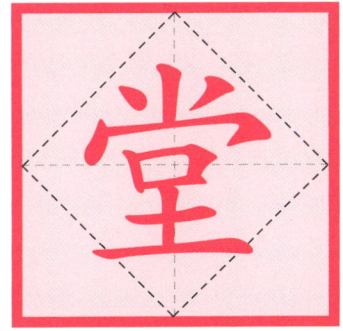

堂堂 당당	남 앞에서 내세울 만큼 떳떳한 모습이나 태도.
堂直 당직	당집이나 서당(書堂) 따위를 맡아 지키는 사람. (直 곧을 직)

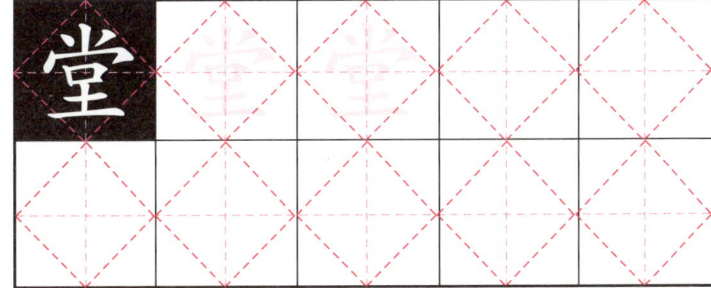

집 당

土(흙토) 총 11획

大選 대선	대통령을 뽑는 선거. (選 가릴 선)
最大 최대	가장 큼. (最 최고 최)

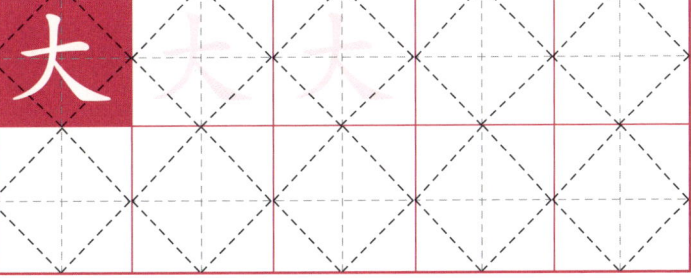

큰 대, 클 대

大(큰대) 총 3획

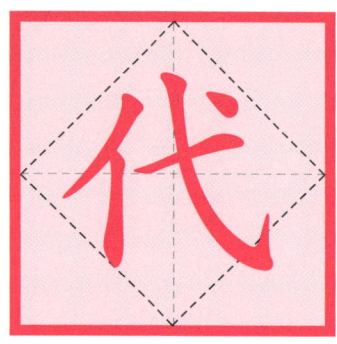

代신할 대
亻 (사람인변) 총 5획

代入 대입	어떤 수식(數式)의 변수를 특정한 숫자(數字)나 문자(文字)로 치환하는 연산. (入 들 입)
代役 대역	배우가 맡은 역할을 사정상 할 수 없을 때에 다른 사람이 그 역할을 대신 맡아하는 일 또는 그 사람. (役 부릴 역)

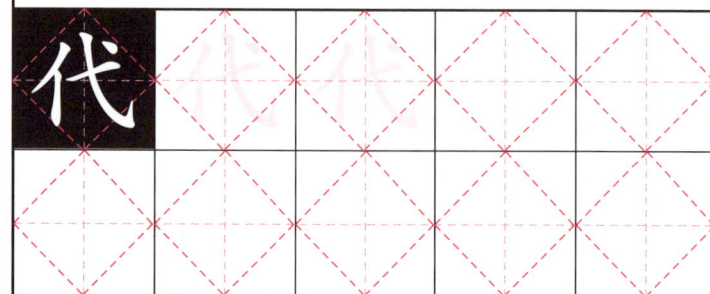

대할 대
寸 (마디촌) 총 14획

對備 대비	앞으로 일어날지도 모르는 어떠한 일에 대응하기 위하여 미리 준비함. 또는 그런 준비. (備 갖출 비)
對應 대응	①어떤 일이나 사태에 맞추어 태도나 행동을 취함. ②두 집합이 있을 때 주어진 관계에 의해 두 집합의 원소끼리 짝이 되는 일. (應 응할 응)

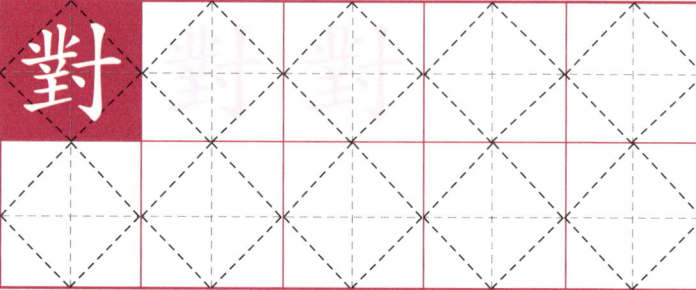

기다릴 대
彳 (두인변) 총 9획

待接 대접	①마땅한 예로써 대함. ②음식을 차려 접대함. (接 이을 접)
待避 대피	위험이나 피해를 입지 않도록 일시적으로 피함. (避 피할 피)

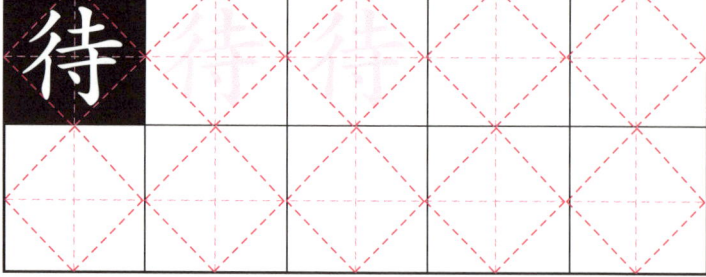

道理 도리	① 사람이 마땅히 행(行)해야 할 바른 길. ② 사물(事物)의 정당(正當)한 이치(理致). (理다스릴 리(이))
道具 도구	① 일을 할 때 쓰는 연장을 통틀어 이르는 말. ② 어떤 목적을 이루기 위한 수단이나 방법. (具 갖출 구)

길 도

辶(책받침) 총 13획

圖案 도안	미술 작품을 만들 때 형상, 모양, 색채, 배치, 조명 따위에 관하여 생각하고 연구하여 그림으로 설계하여 나타낸 것. (案 책상 안)
圖形 도형	① 그림의 모양이나 형태. ② 점, 선, 면, 체 또는 그것들의 집합을 통틀어 이르는 말. (形 모양 형)

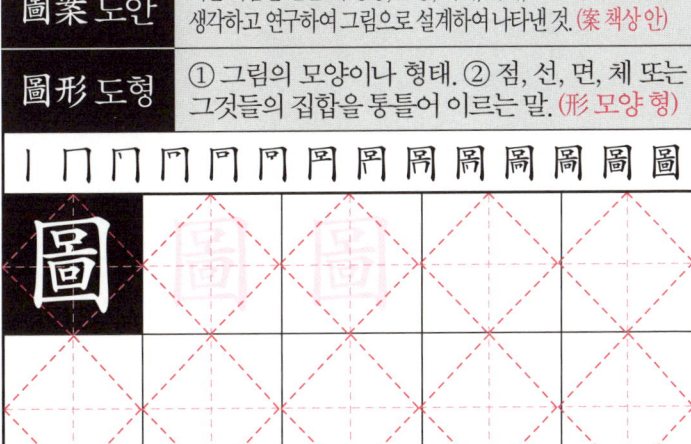

그림 도

囗(큰입구몸) 총 14획

度量 도량	① 사물을 너그럽게 용납하여 처리하는 넓은 마음과 깊은 생각. ② 재거나 되어서 사물의 양을 헤아림. ③ 길이와 부피. (量 헤아릴 량)
度外 도외	어떤 한도나 범위의 밖. (外 바깥 외)

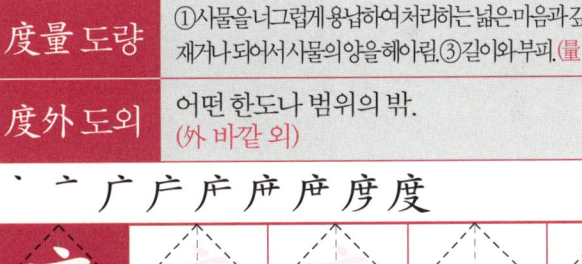

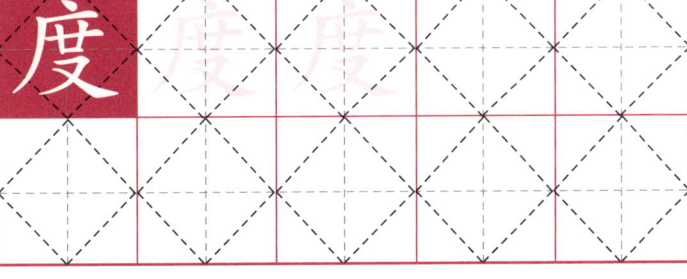

법도 도

广(엄호) 총 9획

31

읽을 독
言(말씀언) 총 22획

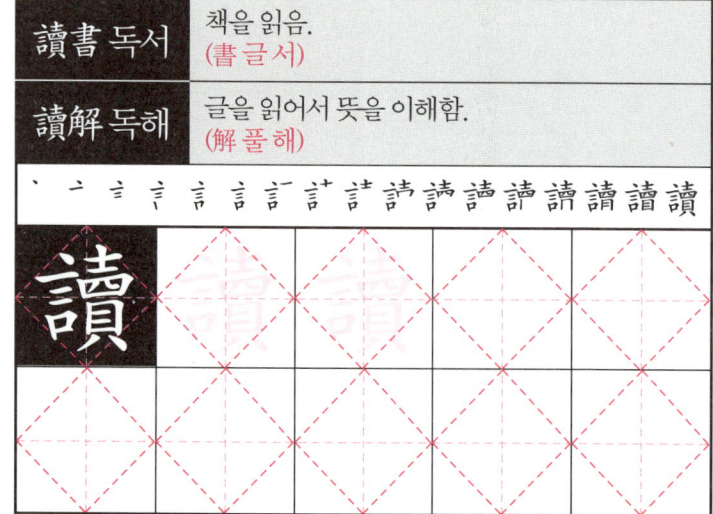

讀書 독서	책을 읽음. (書 글 서)
讀解 독해	글을 읽어서 뜻을 이해함. (解 풀 해)

丶 亠 亠 言 言 言 言 言 言 詰 詰 讀 讀 讀 讀 讀

동녘 동
木(나무목) 총 8획

東海 동해	한국(韓國) 동쪽의 바다. (海 바다 해)
東窓 동창	동쪽으로 난 창. (窓 창 창)

一 亠 闩 甴 甴 束 東 東

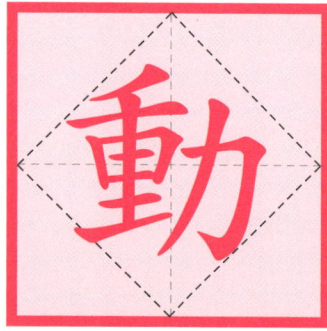

움직일 동
力(힘력) 총 11획

動物 동물	사람을 제외한 길짐승, 날짐승, 물짐승 따위를 통틀어 이르는 말. (物 물건 물)
動作 동작	어떤 일을 하기 위(爲)해서 몸을 움직이는 일, 또는 그 움직임. (作 만들 작)

丿 亠 亠 吉 吉 吉 旨 重 重 動 動

마을 동, 밝을 통
氵(삼수변) 총 9획

洞長 동장	① 한 동네의 우두머리. ② 동(洞)의 행정을 맡아보는 으뜸 직위에 있는 사람. 또는 그 직위. (長 길 장)
洞察 통찰	① 환히 내다봄. ② 꿰뚫어 봄. (察 살필 찰)

丶 丶 氵 氵 泂 泂 洞 洞

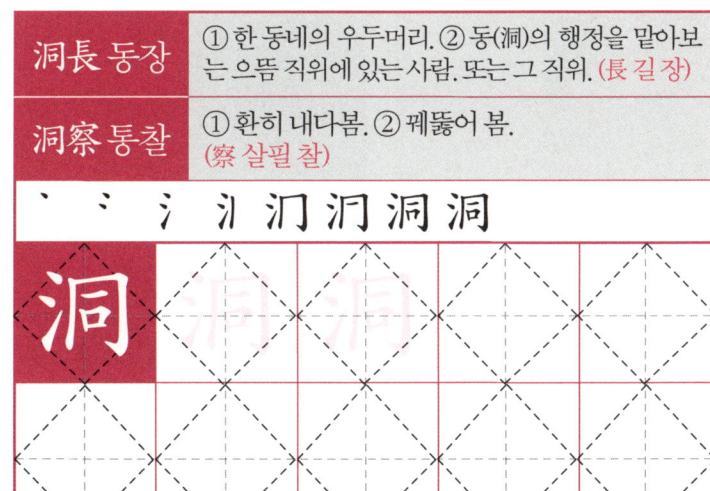

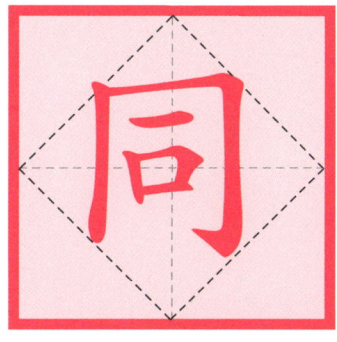

한가지 동
口(입구) 총 6획

同僚 동료	같은 직장이나 같은 부문에서 함께 일하는 사람. (僚 동료 료)
同意 동의	① 같은 의미. ② 의사나 의견을 같이함. ③ 다른 사람의 행위를 승인하거나 시인함. (意 뜻 의)

丨 冂 冂 同 同

겨울 동
冫(이수변) 총 5획

冬服 동복	겨울철에 입는 옷. 겨울옷. (服 옷 복)
冬鳥 동조	겨울새. (鳥 새 조)

丿 夂 夂 冬 冬

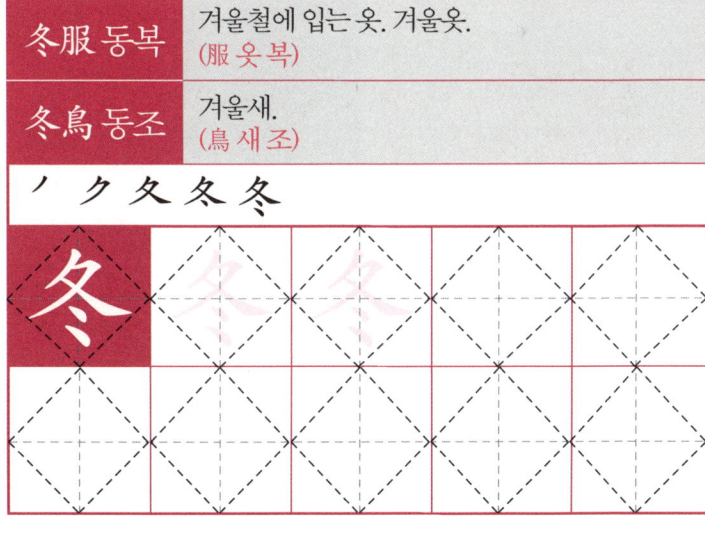

아이 동

立(설립) 총 12획

| 童心 동심 | 어린아이의 마음. (心 마음 심) |
| 童話 동화 | 어린이를 위하여 동심(童心)을 바탕으로 지은 이야기. 또는 그런 문예 작품. (話 말씀 화, 이야기 화) |

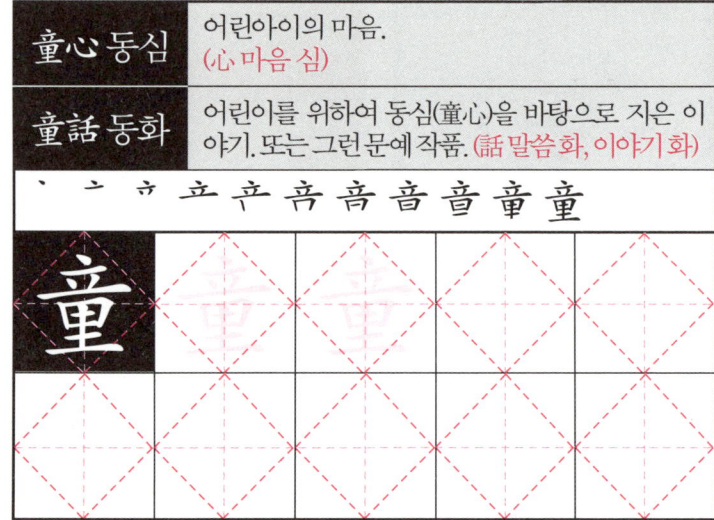

머리 두

頁(머리혈) 총 16획

| 頭角 두각 | ① 짐승의 머리에 있는 뿔. ② 뛰어난 학식이나 재능을 비유적으로 이르는 말. (角 뿔 각) |
| 頭腦 두뇌 | ① 뇌. ② 사물을 판단하는 슬기. ③ 지식수준이 높은 사람을 비유적으로 이르는 말. (腦 뇌 뇌, 골 뇌) |

오를 등

癶(필발머리) 총 12획

| 登校 등교 | 학생이 학교에 감. (校 학교 교) |
| 登場 등장 | ① 어떤 사건이나 분야에서 새로운 제품이나 현상, 인물 등이 세상에 처음으로 나옴. ② 연극, 영화, 소설 등에 어떤 인물이 나타남. (場 마당 장) |

무리 등

竹(대죽) 총 12획

等分 등분	①분량을 똑같이 나눔. 또는 그 분량. ②똑같은 분량으로 나누어진 몫을 세는 단위. (分 나눌 분)
等比 등비	두 개의 비(比)가 서로 똑같음. 또는 그 비. (比 견줄 비)

즐길 락(낙), 풍류 악, 좋아할 요

木(나무목) 총 15획

樂園 낙원	아무런 걱정이나 부족(不足)함이 없이 살 수 있는 즐거운 곳. (園 동산 원)
樂節 악절	두 개의 악구(樂句)로 이루어져 하나의 악상(樂想)을 나타내는 단위. 대개 여덟 소절이 한 악절을 이룸. (節 마디 절)

올 래(내)

人(사람인) 총 8획

來日 내일	오늘의 바로 다음날. 명일(明日), 명천(明天), 이튿날. (日 날 일)
將來 장래	①다가올 앞날. ②앞으로의 가능성이나 전망. ③앞으로 닥쳐옴. (將 장수 장)

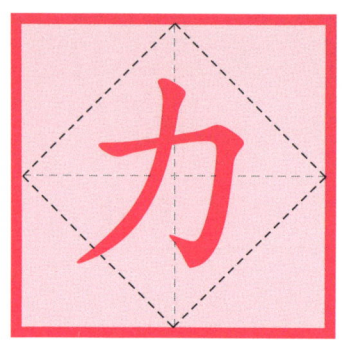

努力 노력	①힘을 씀, 힘을 다함. ②어떤 일을 이루기 위해 어려움이나 괴로움 등을 이겨 내면서 애쓰거나 힘쓰는 것. (努 노력 노)
體力 체력	①몸의 힘. ②몸의 작업(作業) 능력(能力). ③몸의 저항(抵抗) 능력(能力). (體 몸 체)

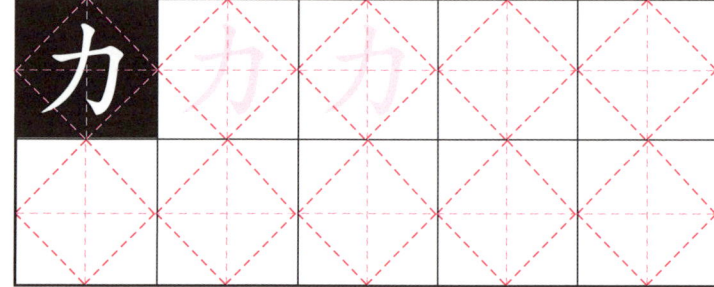

힘 력(역)

力(힘력) 총 2획

例外 예외	일반적 규칙이나 정례에서 벗어나는 일. (外 바깥 외)
事例 사례	어떤 일이 전에 실제로 일어난 예. (事 일 사)

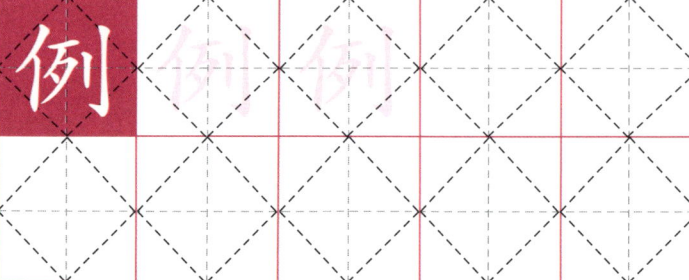

법식 례(예)

亻(사람인변) 총 8획

禮節 예절	예의에 관한 모든 절차나 질서. (節 마디 절)
禮儀 예의	사람이 지켜야 할 예절(禮節)과 의리(義理). (儀 거동 의)

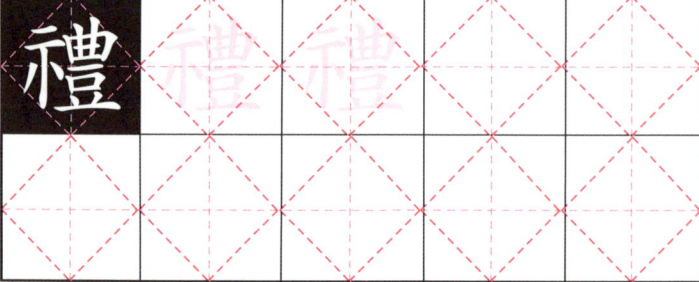

예도 례(예)

示(보일시) 총 18획

敬老 경로	노인(老人)을 공경(恭敬)함. (敬 공경 경)
老人 노인	나이가 많은 사람. 늙은이, 늙은 분. (人 사람 인)

一 十 土 耂 耂 老

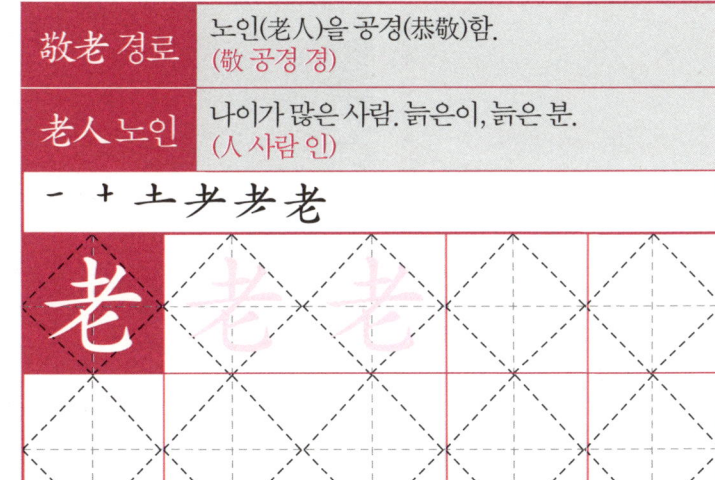

늙을 로(노)

老(늙을로) 총 6획

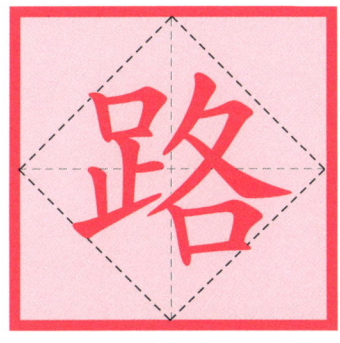

路線 노선	자동차 선로, 철도 선로 따위와 같이 일정한 두 지점을 정기적으로 오가는 교통선. (線 줄 선)
大路 대로	① 큰길. ② 어떤 목적을 향하여 나아가는 활동의 큰 방향. (大 클 대)

丶 ㄧ ㅁ ㅁ ㅁ 足 足 足 趵 趵 路 路 路

길 로(노)

足(발족변) 총 13획

綠色 녹색	파랑과 노랑의 중간색(中間色), 곧 풀빛. (色 빛 색)
草綠 초록	녹색(綠色)보다 조금 더 푸른색을 띤 색깔. 초록색. (草 풀 초)

초록빛 록(녹)

糸(실사) 총14획

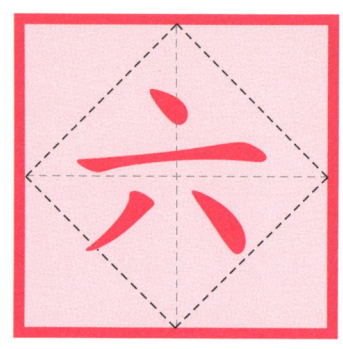

여섯 **륙(육)**

八(여덟팔) 총 4획

六十 육십	예순. 열의 여섯 배가 되는 수(數). 또는 그런 수. (十 열십)
六角 육각	북, 장구, 해금(奚琴), 피리 및 태평소 한 쌍의 총칭(總稱), 또는 여섯 개의 직선에 싸인 평면. (角 뿔각)

마을 **리**

里(마을리) 총 7획

里長 이장	시골 동리에서 공중(公衆)의 일을 맡아보는 사람. (長 긴장)
洞里 동리	① 마을. ② 지방(地方) 행정(行政) 구역(區域)인 동(洞)과 리(里)의 총칭(總稱). (洞 골동)

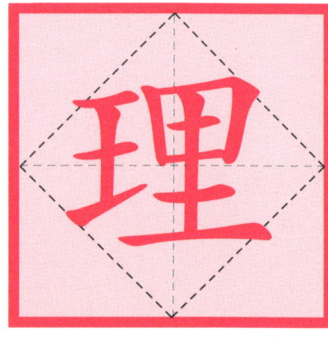

다스릴 **리**

王(구슬옥변) 총 11획

理由 이유	① 어떠한 결론이나 결과에 이른 까닭이나 근거. ② 구실이나 변명. (由 말미암을 유)
理解 이해	① 사리를 분별하여 해석함. ② 깨달아 앎. 또는 잘 알아서 받아들임. (解 풀 해)

이로울 리(이)

刂(선칼도방) 총 7획

利己心 이기심	자기 자신의 이익만을 꾀하는 마음. (己 몸 기, 心 마음 심)
利子 이자	남에게 돈을 빌려 쓴 대가로 치르는 일정한 비율의 돈. (子 아들 자)

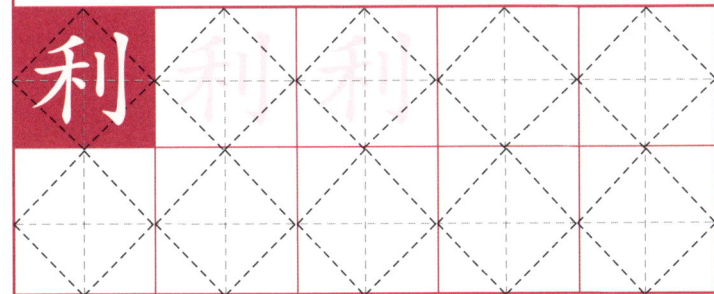

오얏 리(이)

木(나무 목) 총 7획

李白 이백	당나라 시선(詩仙). 자는 태백. 호는 청련(靑蓮), 취선옹(醉仙翁). 두보(杜甫)와 더불어 시의 양대 산맥(山脈)을 이룸. (白 흰 백)
桃李 도리	① 복숭아와 자두. 또는 그 꽃. ② 남이 천거한 어진 사람을 비유적으로 이르는 말. (桃 복숭아 도)

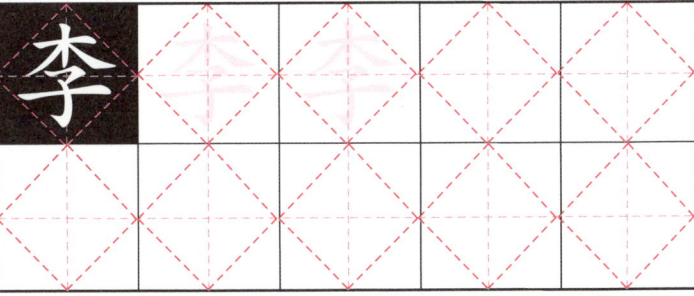

수풀 림(임)

木(나무 목) 총 8획

林野 임야	나무가 무성(茂盛)한 들. (野 들 야)
松林 송림	소나무 숲. (松 솔 송)

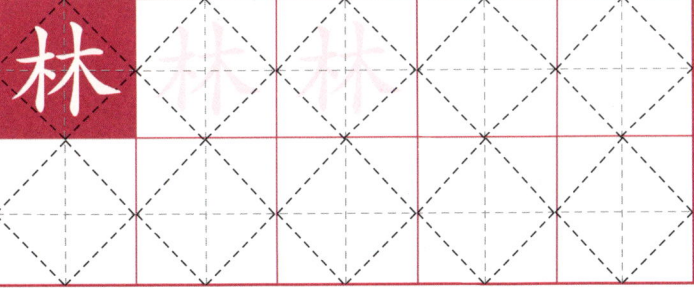

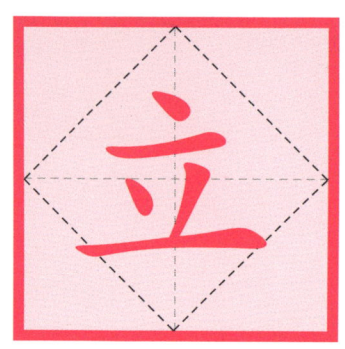

立春 입춘	대한과 우수(雨水) 사이에 있으며, 양력(陽曆) 2월 4일이나 5일이 됨. 이때부터 봄이 시작(始作)됨. (春 봄 춘)
自立 자립	①스스로의 힘으로 생계(生計)를 유지(維持)함. ②얽매임이 없이 스스로의 지위(地位)에 섬. (自 스스로 자)

丶 亠 亠 立 立

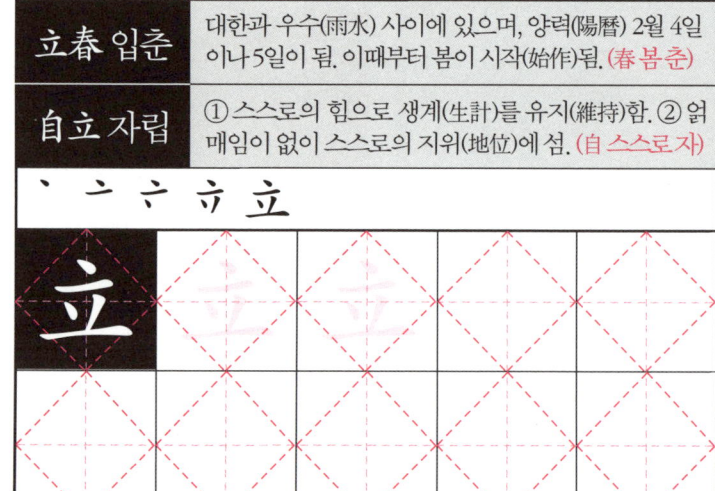

설 립(입)

立(설립) 총 5획

千萬 천만	만의 천 배. (千 일천 천)
萬物 만물	세상(世上)에 있는 모든 것. (物 만물 물)

一 十 卄 艹 艹 艹 苩 苩 萬 萬 萬 萬

일만 만

艹(초두머리) 총 13획

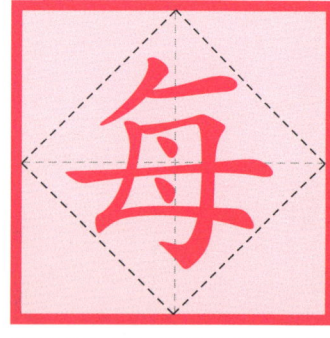

每事 매사	모든 일. (事 일 사)
每日 매일	각각의 개별적인 나날. 일일(日日) (日 날 일)

丿 一 亡 毌 每 每 每

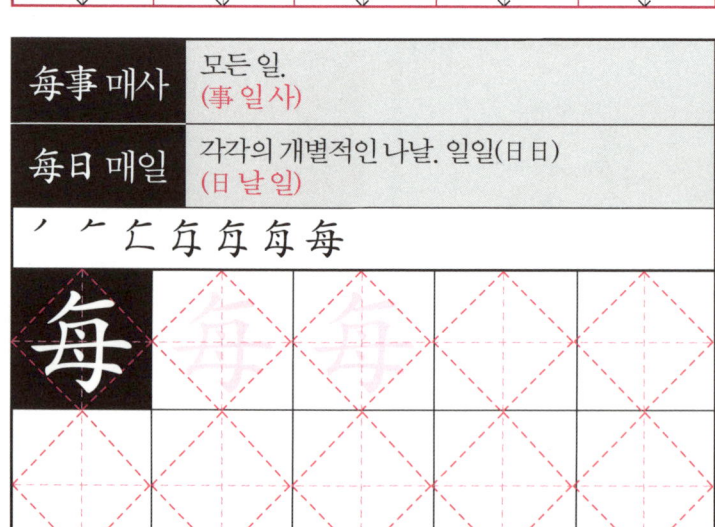

매양 매

毋(말무) 총 7획

낯 면, 고을 면

面(낯면) 총 9획

面接 면접	① 얼굴을 마주 대함. ② 직접(直接) 만남. ③ '면접시험(試驗)'의 준말. (接 이을 접)
正面 정면	① 똑바로 마주 보이는 면. ② 에두르지 않고 직접(直接) 마주 대함. (正 바를 정)

一ア了了而而而面面

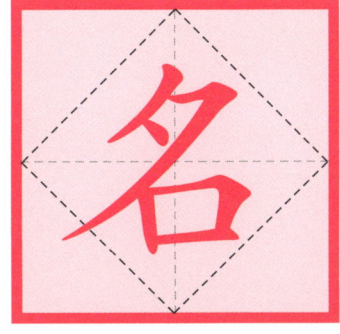

이름 명

口(입구) 총 6획

名分 명분	명목(名目)이 구별(區別)된 대로 그 사이에 반드시 지켜야 할 도리(道理)나 분수(分數). (分 나눌 분)
名所 명소	경치나 고적, 산물 따위로 널리 알려진 곳. (所 바 소)

ノクタタ名名

목숨 명

口(입구) 총 8획

命令 명령	윗사람이 아랫사람에게 무엇을 하도록 시킴. (令 하여금 령(영))
生命 생명	① 목숨. ② 사물(事物)의 존립(存立)에 관계(關係)되는 중요(重要)한 것. (生 날 생)

ノ人人合合合命命

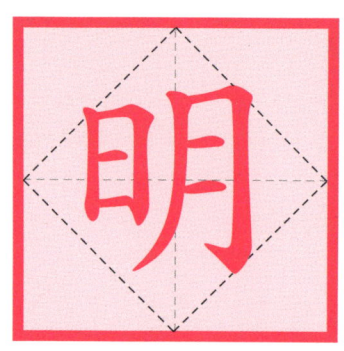

明暗 명암	① 밝음과 어두움. ② 기쁜 일과 슬픈 일 또는 행복과 불행을 통틀어 이르는 말. ③ 색의 농담이나 밝기의 정도. (暗 어두울 암)
明快 명쾌	① 말이나 글 따위의 내용이 명백하여 시원함. ② 명랑하고 쾌활함. (快 쾌할 쾌)

丨 冂 日 日 日 밝 明 明 明

밝을 명

日(날일) 총 8획

父母 부모	어버이, 아버지와 어머니. (父 아비 부)
祖母 조모	할머니. (祖 조상 조)

ㄴ ㄏ 廾 母 母

어미 모

母(말무) 총 5획

木工 목공	목수(木手). 나무를 다루어서 물건(物件)을 만들어 내는 일. (工 장인 공)
草木 초목	풀과 나무. (草 풀 초)

一 十 才 木

나무 목

木(나무목) 총 4획

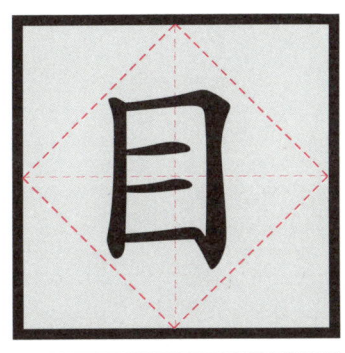

目錄 목록	어떤 물품의 이름이나 책 제목 따위를 일정한 순서로 적은 것. (錄 기록할 록)
目標 목표	어떤 목적을 이루려고 지향하는 실제적 대상으로 삼음. 또는 그 대상. (標 표할 표)

丨 冂 冃 目 目

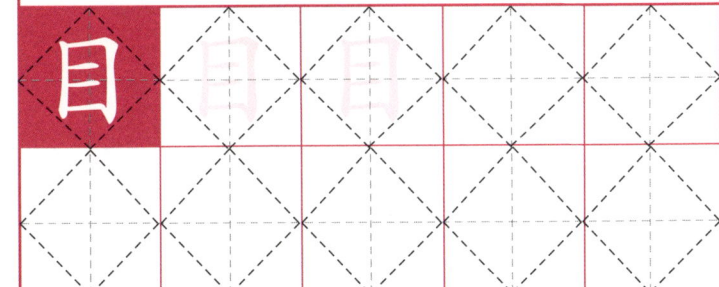

눈 목

目(눈목) 총 5획

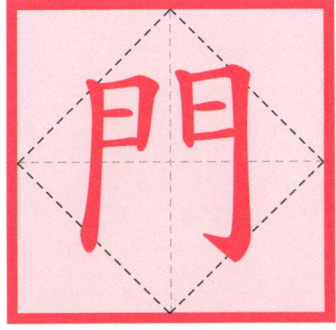

窓門 창문	공기(空氣)나 빛이 들어올 수 있도록 벽에 만들어 놓은 작은 문(門). (窓 창 창)
大門 대문	큰 문. 주로, 한 집의 주가 되는 출입문을 말함. (大 클 대, 큰 대)

丨 冂 冂 冃 冃 門 門 門

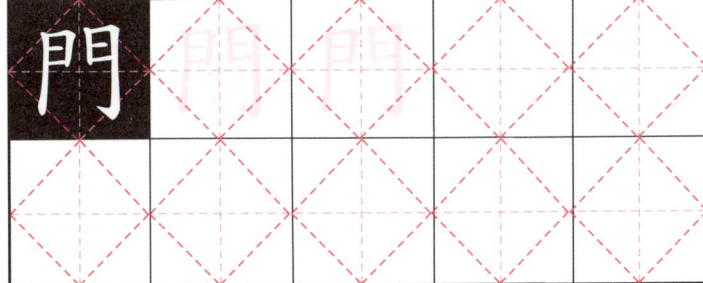

문 문

門(문문) 총 8획

文書 문서	글이나 기호 따위로 일정한 의사나 관념 또는 사상을 나타낸 것. (書 글 서)
文法 문법	말의 구성 및 운용상의 규칙. 또는 그것을 연구하는 학문. (法 법 법)

丶 亠 亠 文

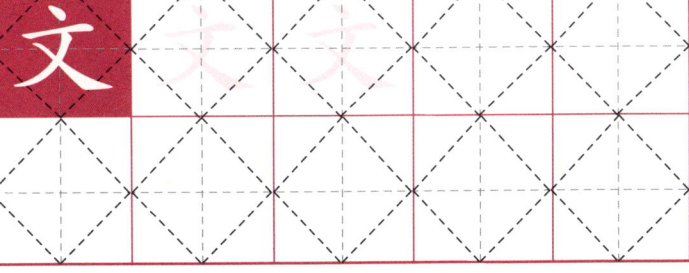

글월 문, 무늬 문

文(글월문) 총 4획

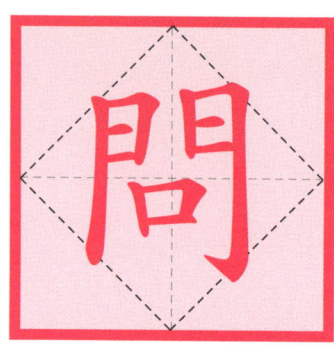

물을 문
口(입구) 총 11획

問安 문안	웃어른에게 안부(安否)를 여쭘. (安 편안 안)
問答 문답	물음과 대답(對答). (答 대답할 답)

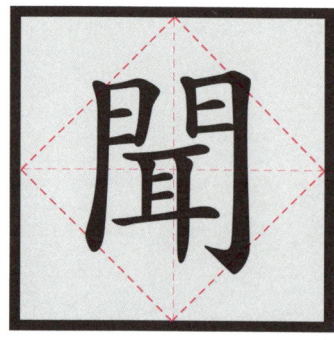

들을 문
耳(귀이) 총 14획

所聞 소문	사람들 입에 오르내려 전하여 들리는 말. (所 바 소)
新聞 신문	①새로운 소식이나 견문. ②새로운 소식(消息)이나 비판을 신속하게 보도(報道)하는 정기간행물. (新 새 신)

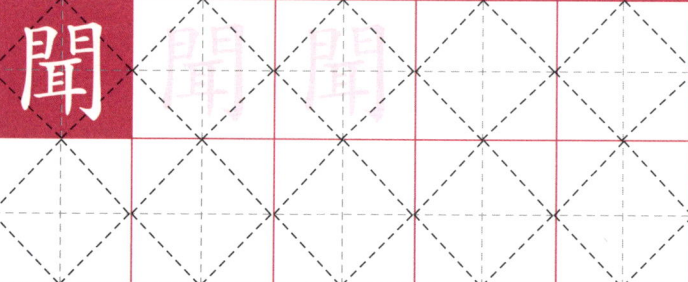

물건 물, 만물 물
牛(소우) 총 8획

物性 물성	①물질이 가지고 있는 성질 ②물질의 전기적·자기적·광학적·역학적·열적 성질 따위를 통틀어 이르는 말. (性 성품 성)
植物 식물	온갖 나무와 풀의 총칭(總稱). 반대어로 動物(동물). (植 심을 식)

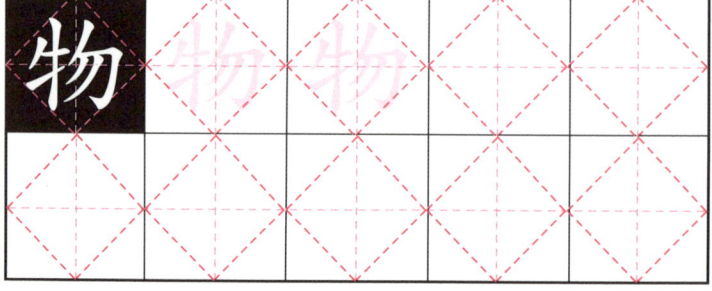

쌀 미

米(쌀미) 총 6획

白米 백미	흰쌀. (白 흰 백)
玄米 현미	벼의 겉껍질만 벗겨 낸 쌀. (玄 검을 현)

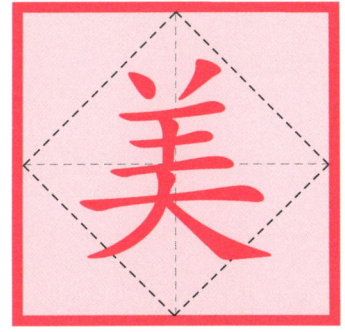

아름다울 미

羊(양양) 총 9획

美德 미덕	아름답고 갸륵한 덕행. (德 큰 덕)
美人 미인	① 아름다운 사람. ② 재덕(才德)이 뛰어난 사람. (人 사람 인)

백성 민

氏(각시씨) 총 5획

民心 민심	백성(百姓)의 마음. (心 마음 심)
住民 주민	그 땅에 사는 백성(百姓). (住 주거 주)

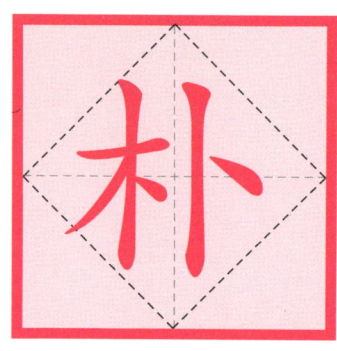

儉朴 검박	검소하고 소박함. (儉 검소할 검)
素朴 소박	꾸밈이나 거짓이 없고 수수함. (素 본디 소)

一 十 才 木 村 朴

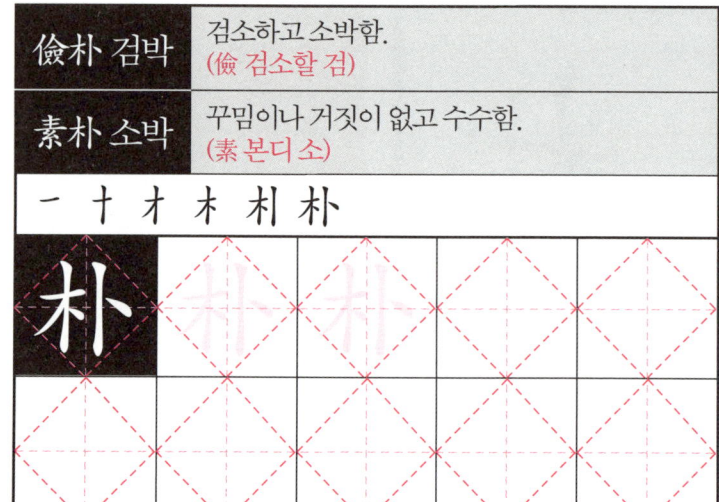

성씨 박

木(나무목) 총6획

反省 반성	자신의 언행에 대하여 잘못이나 부족함이 없는지 돌이켜 봄. (省 살필 성)
贊反 찬반	찬성과 반대를 아울러 이르는 말. (贊 도울 찬)

一 厂 厅 反

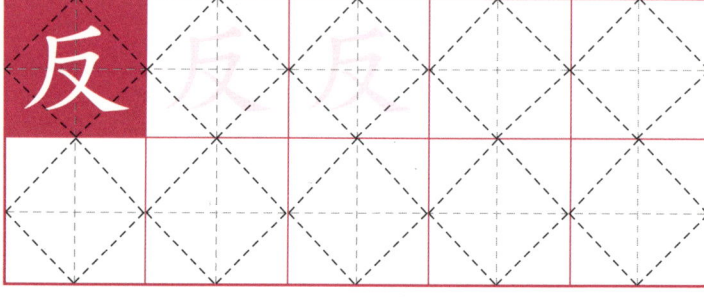

돌이킬 반

又(또우) 총4획

半年 반년	한 해의 반. (年 해 년)
折半 절반	① 하나를 반으로 가름. 또는 그렇게 가른 반. ② 유도에서 내리는 판정의 하나. (折 꺾을 절)

′ ′′ ″ 半 半

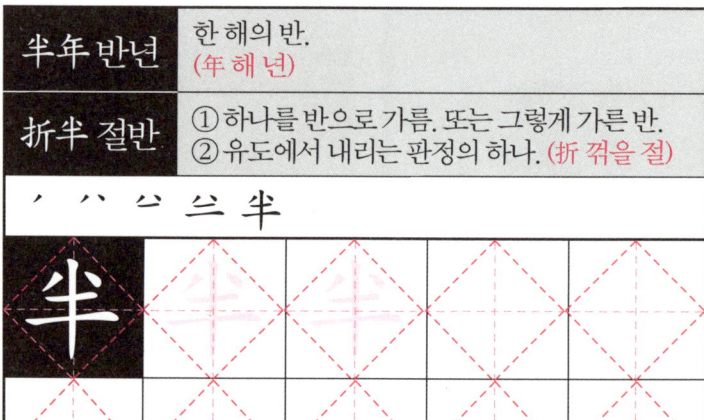

반 반

十(열십) 총5획

나눌 반

王(구슬옥변) 총 10획

班白 반백	흰색과 검은색이 반반 정도인 머리털. (白 흰 백)
班長 반장	어떤 일을 함께 하는 소규모 조직체인 반(班)을 대표하여 일을 맡아보는 사람. (長 길 장)

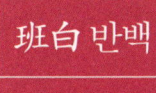

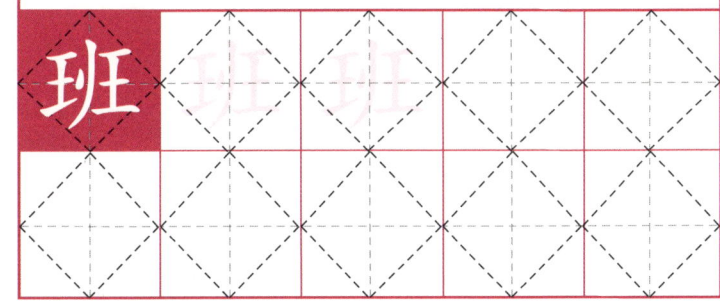

필 발

癶(필발머리) 총 12획

發見 발견	미처 찾아내지 못하였거나 아직 알려지지 아니한 사물이나 현상, 사실 따위를 찾아냄. (見 볼 견)
發生 발생	어떤 일이나 사물이 생겨남. (生 날 생)

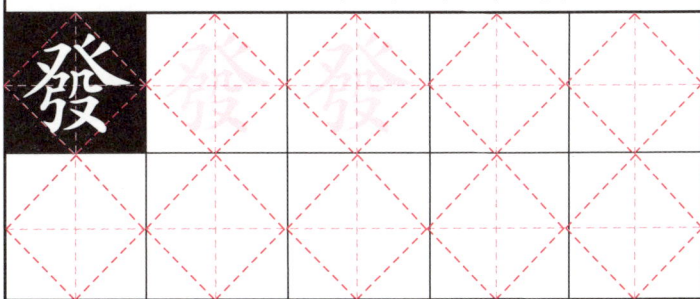

모 방, 본뜰 방

方(모방) 총 4획

方程式 방정식	어떤 문자가 특정한 값을 취할 때에만 성립하는 등식. (程 한도 정, 式 법 식)
四方 사방	방위(方位). 곧 동(東), 서(西), 남(南), 북(北)의 총칭(總稱). (四 넉 사)

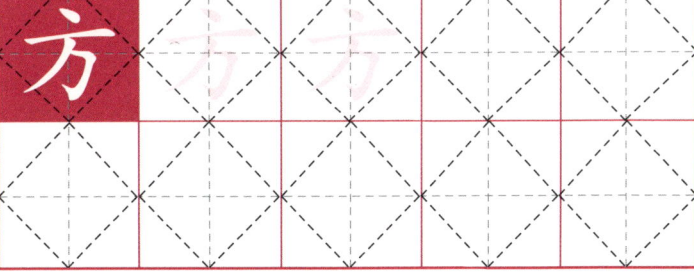

47

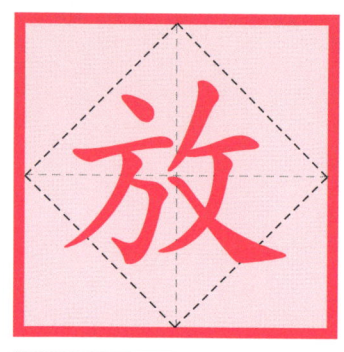

放學 방학	일정 기간 동안 수업을 쉬는 일. 또는 그 기간. (學 배울 학)
開放 개방	문이나 어떠한 공간 따위를 열어 자유롭게 드나들고 이용하게 함. (開 열 개)

丶 亠 方 方 方 方 放 放

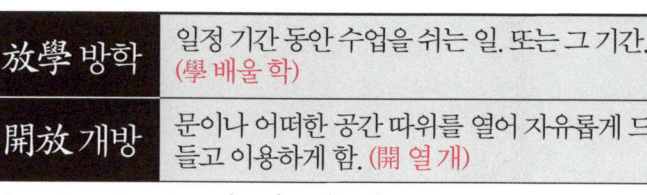

놓을 방

攵(등글월문) 총 8획

明白 명백	의심(疑心)할 것 없이 아주 뚜렷하고 환함. (明 밝을 명)
告白 고백	숨긴 일이나 생각한 바를 사실(事實)대로 솔직(率直)하게 말함. (告 알릴 고)

丿 亻 冂 白 白

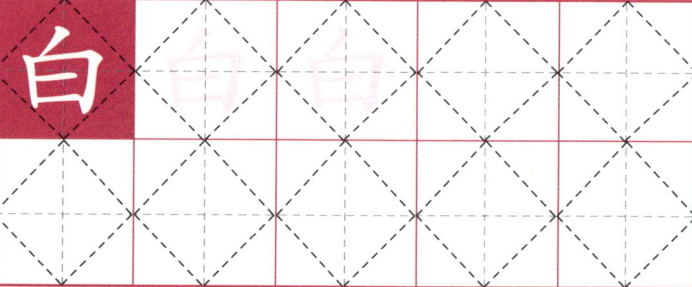

**흰 **

白(흰백) 총 5획

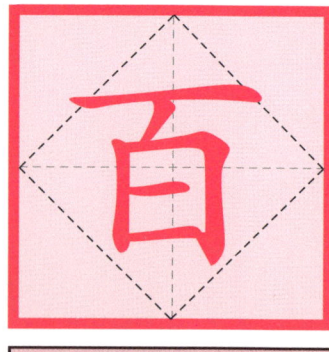

百勝 백승	언제든지 이김. (勝 이길 승)
百態 백태	온갖 자태(姿態). (態 모습 태)

一 丆 丆 百 百 百

일백 백

白(흰백) 총 6획

차례 번

田(밭전) 총 12획

番號 번호	차례를 나타내거나 식별하기 위해 붙이는 숫자. (號 이름 호)
當番 당번	어떤 일을 책임지고 돌보는 차례가 됨. 또는 그 차례가 된 사람. (當 마땅 당)

丿 ⺈ 爫 瓪 采 采 釆 番 番 番 番

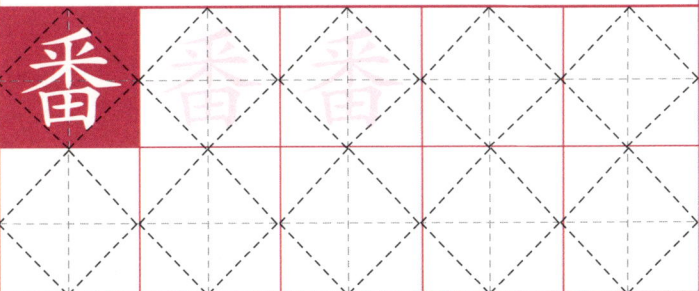

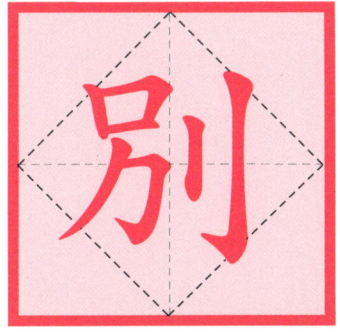

나눌 별

刂(선칼도방) 총 7획

別個 별개	관련성이 없이 서로 다름. (個 낱 개)
差別 차별	둘 이상의 대상을 각각 등급이나 수준 따위의 차이를 두어서 구별함. (差 다를 차)

丨 口 口 另 另 別 別

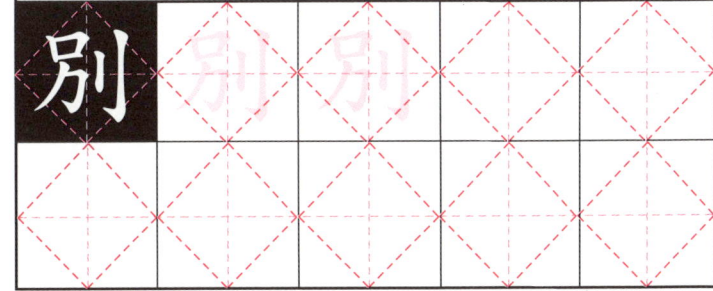

병 병

疒(병질엄) 총 10획

病名 병명	병의 이름. (名 이름 명)
病院 병원	병자(病者)를 진찰, 치료하는 데에 필요한 설비를 갖추어 놓은 곳. (院 집 원)

丶 一 广 广 广 疒 疒 病 病 病

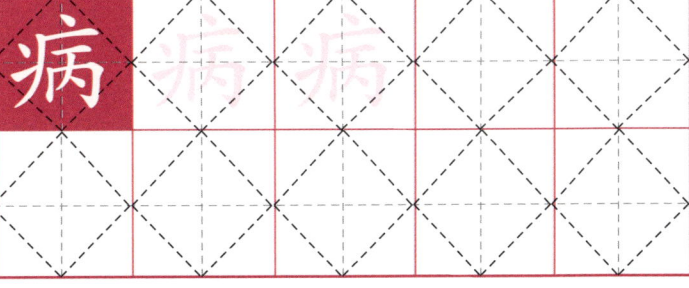

옷 복

月(달월) 총 8획

服務 복무	어떤 직무나 임무에 힘씀. (務 힘쓸 무)
克服 극복	①악조건이나 고생 따위를 이겨 냄. ②적을 이기어 굴복시킴.(克 이길 극)

ノ 月 月 月 𦚟 朋 服 服

근본 본

木(나무목) 총 5획

本質 본질	①본디부터 가지고 있는 사물 자체의 성질이나 모습.② 사물이나 현상을 성립시키는 근본적인 성질.(質 바탕 질)
基本 기본	사물이나 현상, 이론, 시설 따위의 기초와 근본. (基 터 기)

一 十 才 木 本

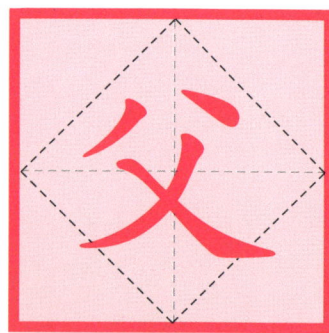

아비 부

父(아비부) 총 4획

父性 부성	아버지로서 가지는 정신적·육체적 성질. 또는 그런 본능.(性 성품 성)
父子 부자	아버지와 아들. (子 아들 자)

ノ ハ ク 父

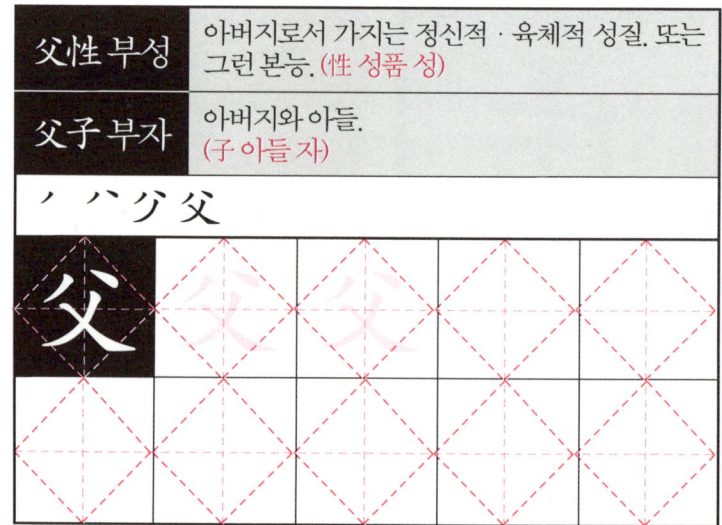

지아비 부

大(큰대) 총 4획

夫婦 부부	남편(男便)과 아내. (婦 아내 부)
工夫 공부	학문(學問)이나 기술(技術)을 닦는 일. (工 장인 공)

一 二 夫 夫

거느릴 부

阝(우부방) 총 11획

部分 부분	전체를 이루는 작은 범위. 또는 전체를 몇 개로 나눈 것의 하나. (分 나눌 분)
部品 부품	기계 따위의 어떤 부분에 쓰는 물품. (品 물건 품)

丶 亠 亍 㐫 咅 咅 咅 部 部 部

북녘 북, 달아날 배

匕(비수비) 총 5획

北方 북방	북쪽 지방(地方). (方 모 방)
敗北 패배	싸움에 져서 도망(逃亡)함. (敗 패할 패)

丨 丬 斗 北

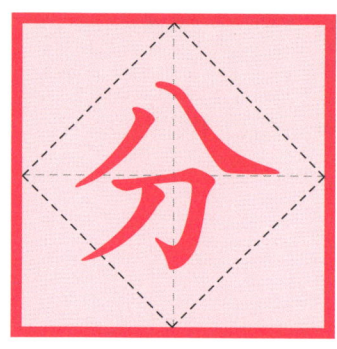

分明 분명	틀림없이 확실하게. (明 밝을 명)
分數 분수	정수 a를 0이 아닌 정수 b로 나눈 몫을 a/b로 표시한 것. (數 셈수)

ノ 八 分 分

나눌 분, 푼 푼

刀(칼도) 총 4획

不幸 불행	① 행복(幸福)하지 못함. ② 일이 순조(順調)롭지 못하고 탈이 많음. (幸 행복 행)
不敗 불패	지지 아니함. 또는 실패하지 아니함. (敗 패할 패)

一 ア 不 不

아니 불, 아닐 부

一(한일) 총 4획

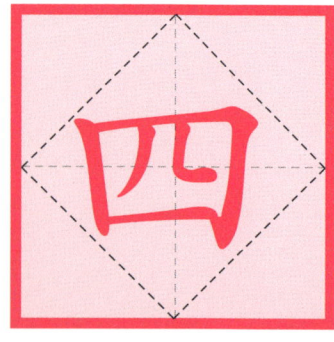

四寸 사촌	아버지의 친형제자매의 아들이나 딸과의 촌수. (寸 마디 촌)
四書 사서	중국(中國)의 고전(古典) 중 『논어(論語)』, 『맹자(孟子)』, 『중용(中庸)』, 『대학(大學)』을 이르는 말. (書 글 서)

丨 冂 匹 四 四

넉 사

口(큰입구몸) 총 5획

일 사

亅(갈고리궐) 총 8획

事典 사전	여러 가지 사항(事項)을 모아 일정한 순서로 배열하고 그 각각에 해설(解說)을 붙인 책(册). (典 법 전)
事後 사후	일이 끝난 뒤나 일을 끝낸 뒤. (後 뒤 후)

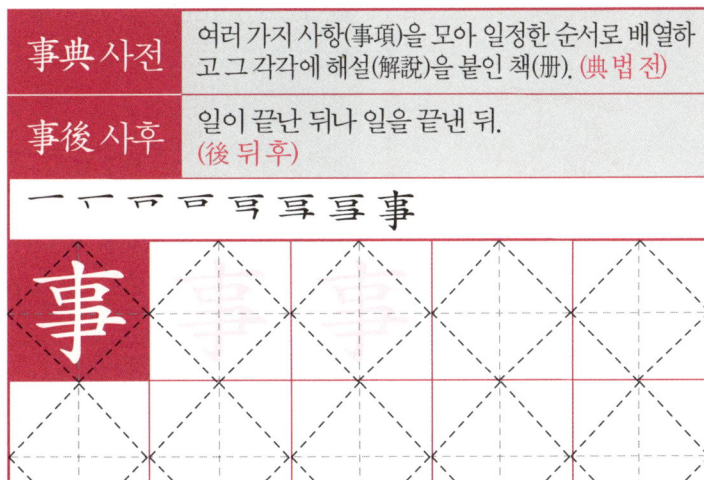

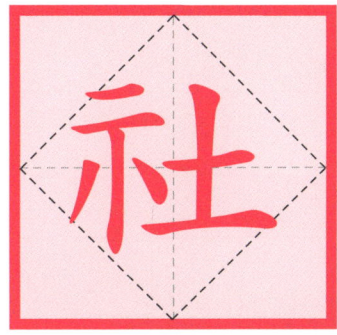

모일 사

示(보일시) 총 8획

社會 사회	①같은 무리끼리 모여 이루는 집단. ②공동생활을 영위하는 모든 형태의 인간 집단. (會 모일 회)
社長 사장	회사의 책임자. 회사 업무의 최고 집행자로서 회사 대표의 권한을 지님. (長 길 장)

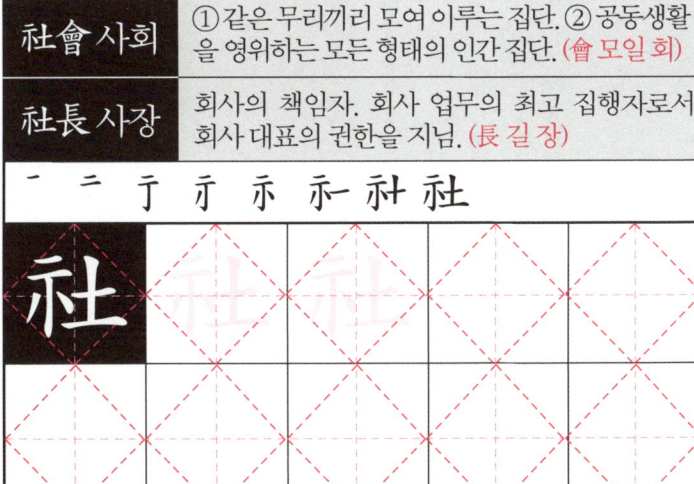

하여금 사

亻(사람인변) 총 8획

使用 사용	일정한 목적이나 기능에 맞게 씀. (用 쓸 용)
使臣 사신	임금이나 국가의 명령을 받고 외국에 사절로 가는 신하. (臣 신하 신)

죽을 사

歹(죽을사변) 총 6획

死守 사수	죽음을 무릅쓰고 지킴. (守 지킬 수)
死活 사활	죽기와 살기라는 뜻으로, 어떤 중대한 문제를 비유적으로 이르는 말. (活 살 활)

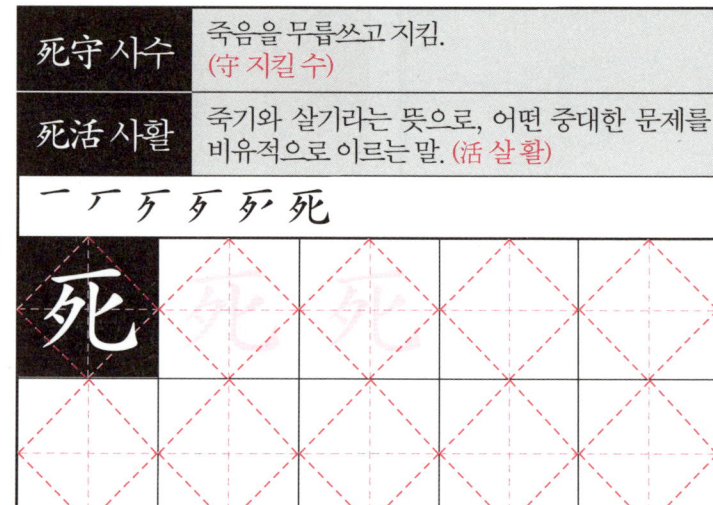

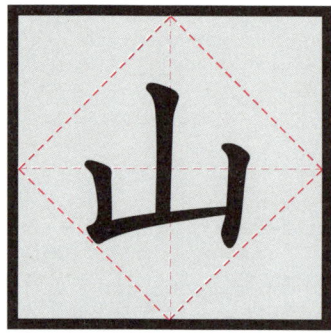

메 산

山(뫼산) 총 3획

山頂 산정	산꼭대기. (頂 정수리 정)
山中 산중	산의 가운데, 또는 높은 산이 있거나 산이 많은 곳. (中 가운데 중)

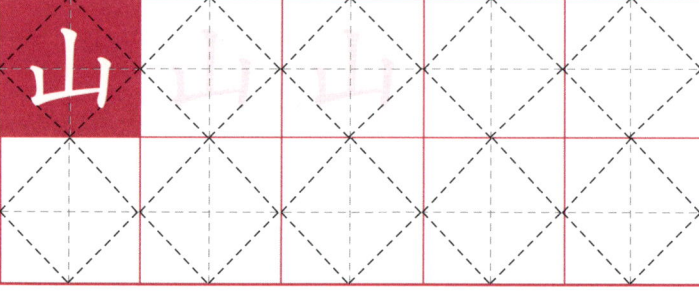

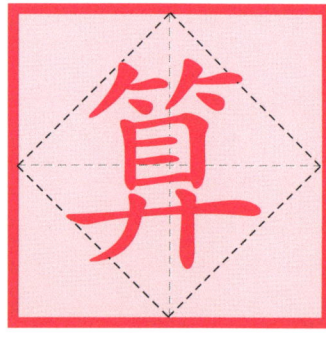

셈 산, 셀 산

竹(대죽) 총 14획

算定 산정	셈하여 정(定)함. (定 정할 정)
算出 산출	어떤 수치(數値)를 계산(計算)하여 냄. (出 날 출)

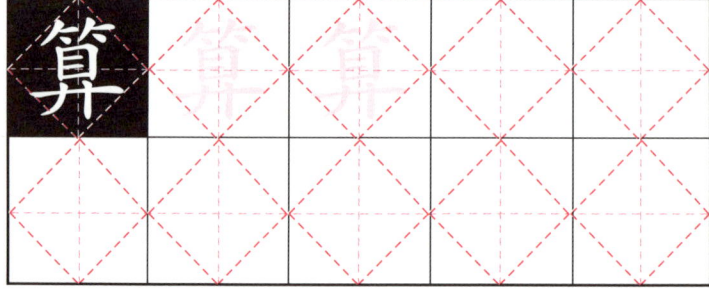

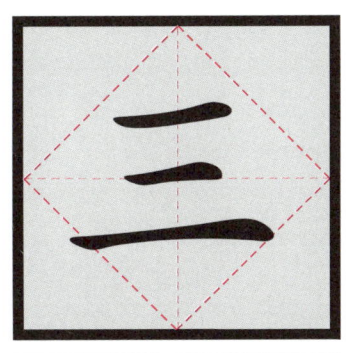

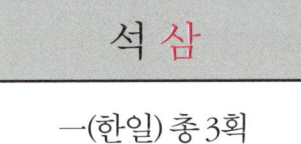

一(한일) 총 3획

| 三國 삼국 | 세 나라, 우리나라의 신라(新羅), 백제(百濟), 고구려(高句麗)를 말함. (國 나라 국) |
| 三足烏 삼족오 | 중국(中國) 고대(古代) 신화(神話)에 나오는 해 속에 서 산다는 세 발 가진 까마귀. (足 발 족, 烏 까마귀 오) |

一 二 三

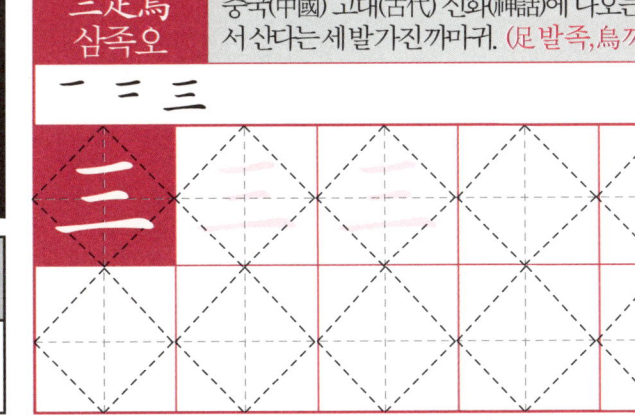

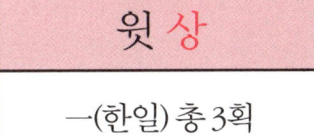

一(한일) 총 3획

| 上京 상경 | 시골에서 서울로 올라옴. (京 서울 경) |
| 上向 상향 | ① 위쪽을 향함. 또는 그 쪽. ② 수치나 한도, 기준 따위를 더 높게 잡음. ③ 상태 따위가 좋아져 감. (向 향할 향) |

丨 ㅏ 上

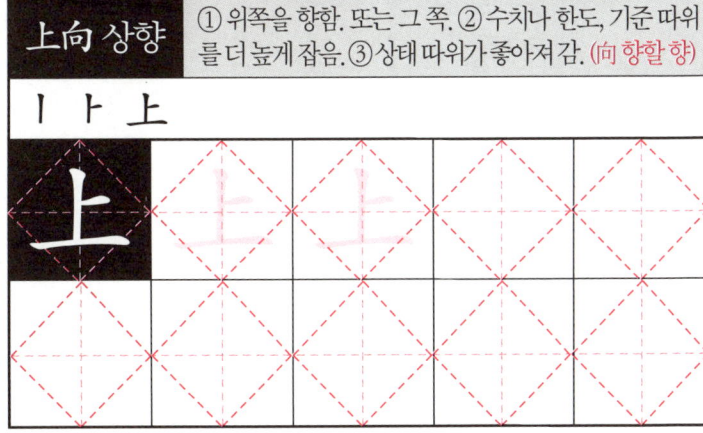

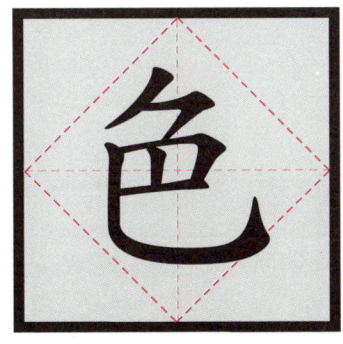

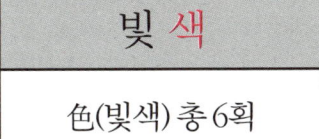

色(빛색) 총 6획

| 色感 색감 | 빛깔에서 받는 느낌, 또는 색채(色彩)의 감각(感覺). (感 느낄 감) |
| 色素 색소 | 물체(物體)의 색의 본질(本質), 또는 물체(物體)에 빛깔을 나타내게 하는 염료(染料) 등의 성분(成分). (素 본디 소) |

丿 ㄱ 숴 ኁ 刍 色

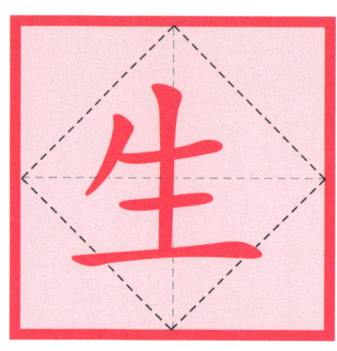

先生 선생	학생(學生)을 가르치는 사람. (先 먼저 선)
學生 학생	배우는 사람, 학교(學校)에 다니면서 공부(工夫)하는 사람. (學 배울 학)

ノ 亠 丿 牛 生

날생, 태어날생

生(날생) 총 5획

西北 서북	서쪽과 북쪽. (北 북녘 북)
西海 서해	서쪽에 있는 바다. (海 바다 해)

一 丆 丙 丙 西 西

서녘 서

襾(덮을아) 총 6획

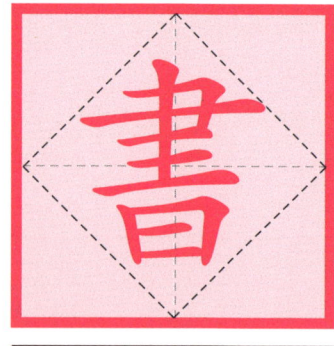

書類 서류	글자로 기록한 문서를 통틀어 이르는 말. (類 무리 류)
書信 서신	편지. (信 믿을 신)

フ ヲ ヨ 글 聿 聿 聿 書 書 書

글 서

曰(가로왈) 총 10획

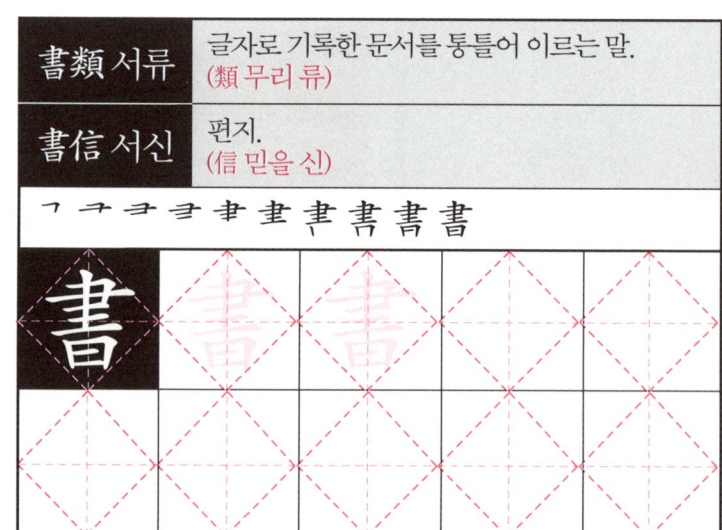

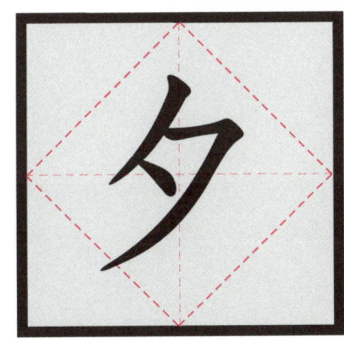

저녁 석

夕(저녁석) 총 3획

秋夕 추석	우리나라 명절(名節)의 하나, 음력(陰曆) 8월 보름. 중추절(中秋節), 한가위. (秋 가을 추)
夕刊 석간	저녁에 발행(發行)된 신문(新聞). (刊 새길 간)

丿ㄅ夕

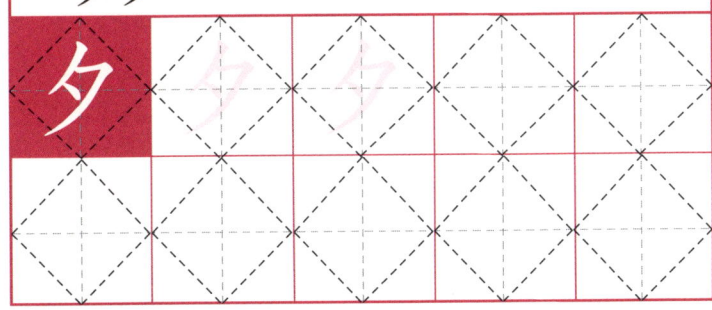

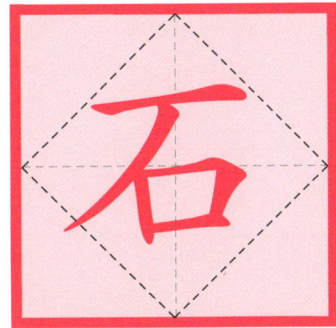

돌 석

石(돌석) 총 5획

石手 석수	돌을 다루어 물건을 만드는 사람. (手 손 수)
石塔 석탑	석재를 이용하여 쌓은 탑. (塔 탑 탑)

一ㄣ丆石石

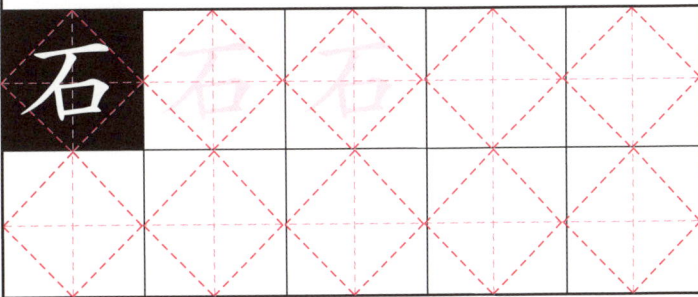

자리 석

巾(수건건) 총 10획

客席 객석	극장 따위에서 손님이 앉는 자리. (客 손 객)
出席 출석	어떤 자리에 나아가 참석함. (出 날 출)

丶一广广庐庐庐庐席席

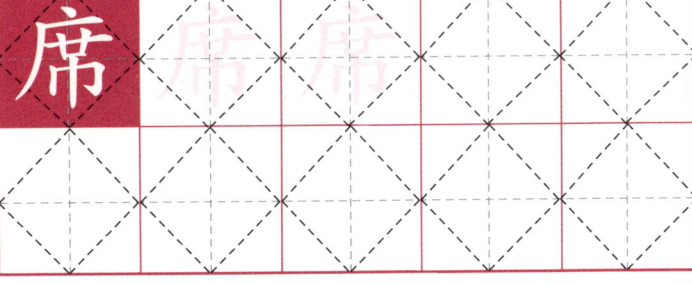

먼저 선

儿(어진사람인발) 총 6획

先祖 선조	할아버지 이상의 조상(祖上). (祖 조상 조)
先親 선친	자기(自己)의 돌아가신 아버지를 남에게 일컫는 말. (親 친할 친)

줄 선

糸(실사) 총 15획

線分 선분	직선 위에서 그 위의 두 점에 한정된 부분. (分 나눌 분)
視線 시선	① 눈이 가는 길. 또는 눈의 방향. ② 주의 또는 관심을 비유적으로 이르는 말. (視 볼 시)

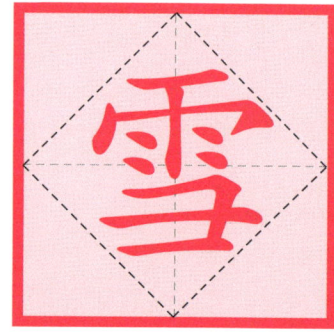

눈 설

雨(비우) 총 11획

雪景 설경	눈이 내리거나 눈이 쌓인 경치. (景 볕 경)
雪山 설산	눈이 쌓인 산. (山 메 산)

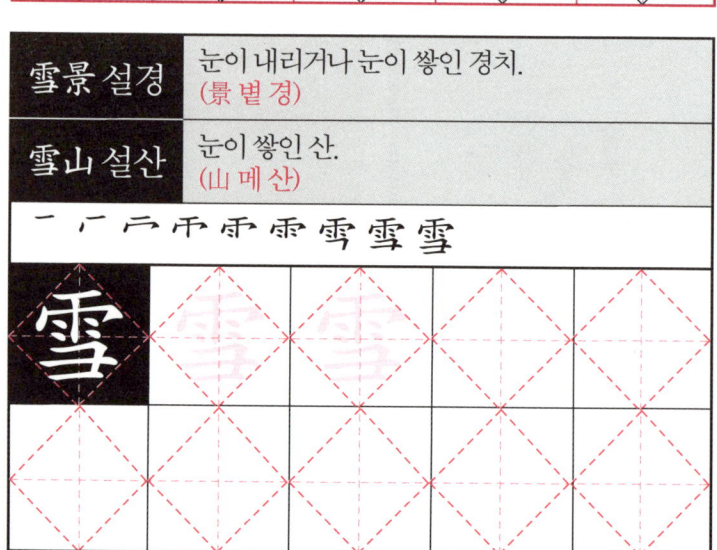

姓名 성명	성과 이름. (名 이름 명)
百姓 백성	나라의 근본을 이루는 일반(一般) 국민(國民). (百 일백 백)

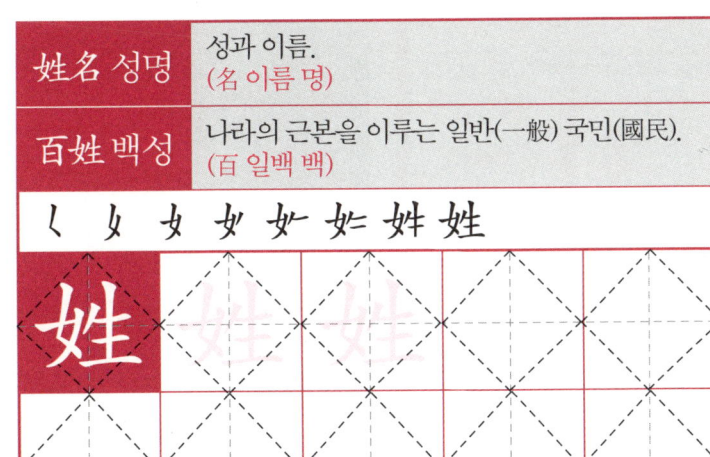

성 성

女(여자녀) 총 8획

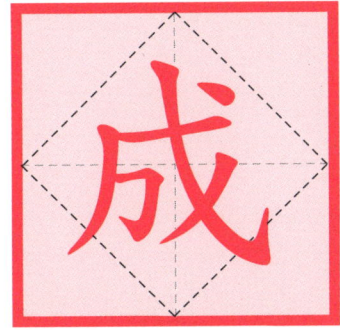

成功 성공	목적하는 바를 이룸. (功 공 공)
成長 성장	①사람이나 동식물 따위가 자라서 점점 커짐. ②사물의 규모나 세력 따위가 점점 커짐. (長 길 장)

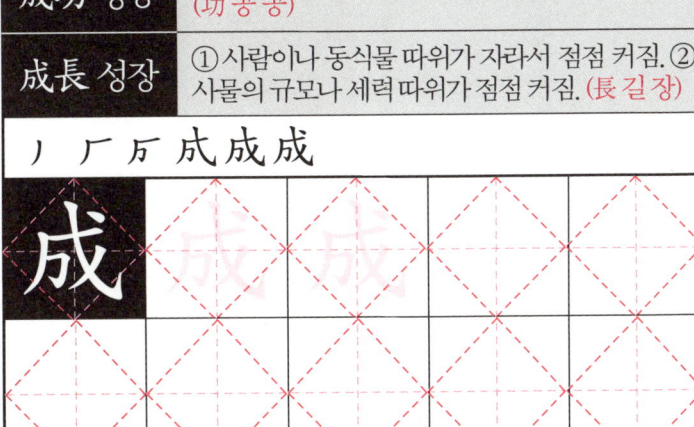

이룰 성

戈(창과) 총 7획

省察 성찰	자기의 마음을 반성하고 살핌. (察 살필 찰)
省略 생략	전체에서 일부를 줄이거나 뺌. (略 간략할 략)

살필 성, 덜 생

目(눈목) 총 9획

인간 세, 대 세

一(한일) 총 5획

世上 세상	①사람이 살고 있는 모든 사회(社會)를 통틀어 이르는 말. ②한 사람이 태어나서 죽을 때까지의 동안. (上 위 상)
世子 세자	왕의 자리를 이을 왕자(王子). 왕세자(王世子). (子 아들 자)

一十十世世

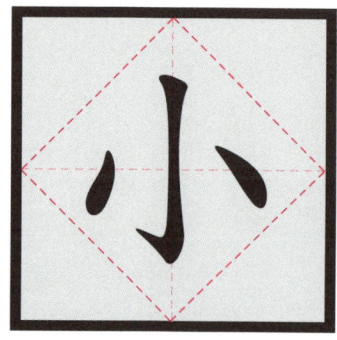

작을 소

小(작을소) 총 3획

小公園 소공원	조그마한 규모(規模)의 공원(公園). (公 공평할 공, 園 동산 원)
小說 소설	작가의 상상력에 바탕을 두고 허구적으로 이야기를 꾸며 나가거나 사실을 각색한 산문체의 문학 양식. (說 말씀 설)

亅 小 小

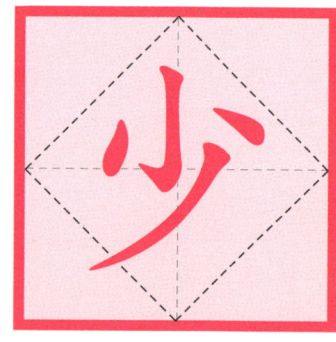

적을 소

小(작을소) 총 4획

少女 소녀	완전(完全)히 성숙(成熟)하지 않고 아주 어리지도 않은 여자(女子) 아이. (女 여자 녀)
少年 소년	완전(完全)히 성숙(成熟)하지 않고 아주 어리지도 않은 사내 아이. (年 해 년)

亅 小 小 少

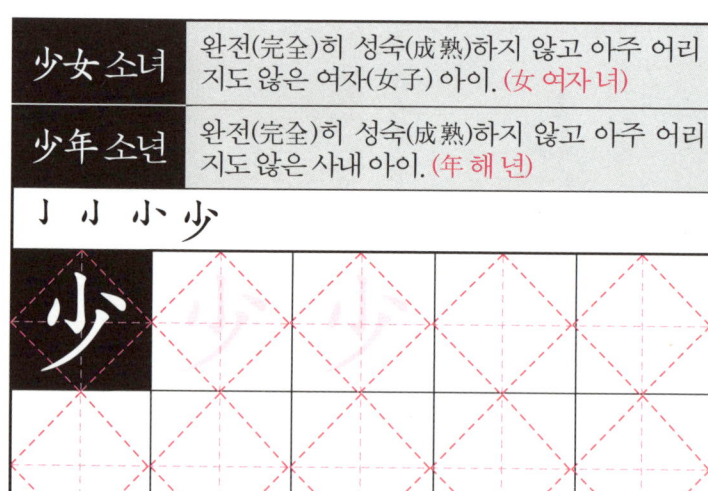

바 소

戶(지게호) 총 8획

所感 소감	특별(特別)한 일, 특히 기쁜 일이나 뜻깊은 일을 겪고 난 뒤 마음에 느낀 바 또는, 느낀 바의 생각. (感 느낄 감)
所出 소출	일정(一定)한 논밭에서 나는 곡식(穀食), 또는 그 곡식의 양(量). (出 날 출)

丶 ㇋ ㇌ 戶 戶 所 所 所

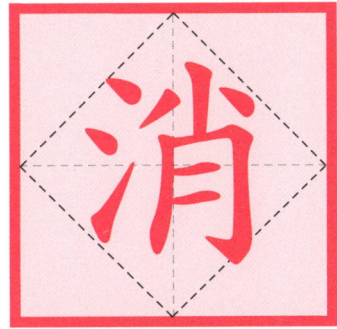

사라질 소

氵(삼수변) 총 10획

消滅 소멸	사라져 없어짐. (滅 꺼질 멸)
消費 소비	①돈이나 물자, 시간, 노력 따위를 들이거나 써서 없앰. ②욕망을 충족하기 위하여 재화나 용역을 소모하는 일. (費 쓸 비)

丶 丶 氵 氵 氵 汁 汁 消 消 消

빠를 속

辶(책받침) 총 11획

速度 속도	물체가 나아가거나 일이 진행되는 빠르기. (度 법도 도)
速成 속성	빨리 이루어짐. 또는 빨리 깨침. (成 이룰 성)

一 ㇐ 冂 日 申 束 束 涑 速

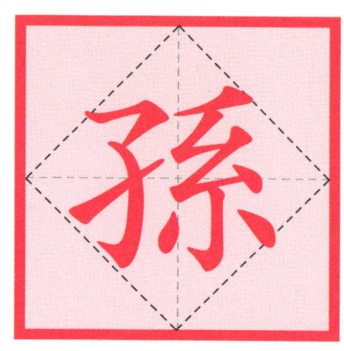

孫子 손자	아들의 아들. 또는 딸의 아들. (子 아들 자)
孫女 손녀	아들의 딸. 또는 딸의 딸. (女 여자 녀)

손자 손

子(아들자) 총 10획

雨水 우수	빗물, 24절기(節氣)의 하나로 날씨가 많이 풀려 초목이 싹트는 시기(時期). (雨 비 우)
山水 산수	산과 물, 곧 '자연(自然)의 산천(山川)'을 일컫는 말. (山 메 산)

물 수

水(물수) 총 4획

手動 수동	손으로 움직임. (動 움직일 동)
手才 수재	학문(學問), 지능(知能)이 뛰어난 사람. (才 재주 재)

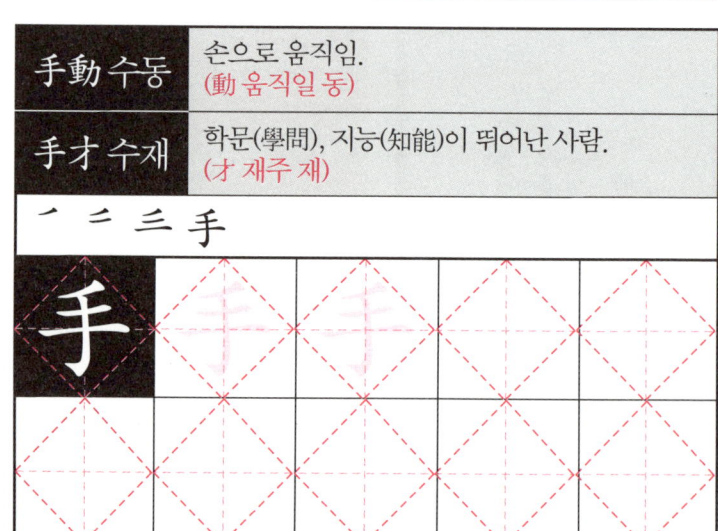

손 수

手(손수) 총 4획

셈 수
攵(등글월문) 총 15획

數量 수량	수효(數爻)와 분량(分量). (量 헤아릴 량)
數値 수치	① 계산하여 얻은 값. ② 수식의 문자 대신에 넣는 수.(値 값 치)

나무 수
木(나무목) 총 16획

樹木 수목	① 살아 있는 나무. ② 목본 식물을 통틀어 이르는 말.(木 나무 목)
樹林 수림	나무숲. (林 수풀 림)

術策 술책	어떤 일을 꾸미는 꾀나 방법. (策 꾀 책)
話術 화술	말을 잘하는 슬기와 능력. 말재주. (話 말씀 화)

재주 술
行(다닐행) 총 11획

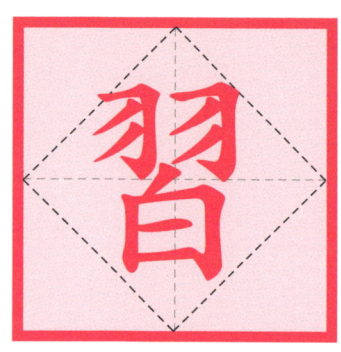

익힐 습

羽(깃우) 총 11획

習慣 습관	어떤 행위를 오랫동안 되풀이하는 과정에서 저절로 익혀진 행동 방식. (慣 익숙할 관)
習得 습득	학문이나 기술 따위를 배워서 자기 것으로 함. (得 얻을 득)

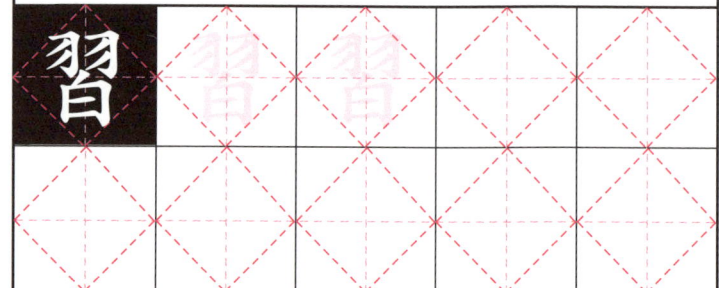

이길 승

力(힘력) 총 12획

勝利 승리	겨루어서 이김. (利 이로울 리)
勝者 승자	싸움이나 경기 따위에서 이긴 사람. 또는 그런 단체. (者 놈 자)

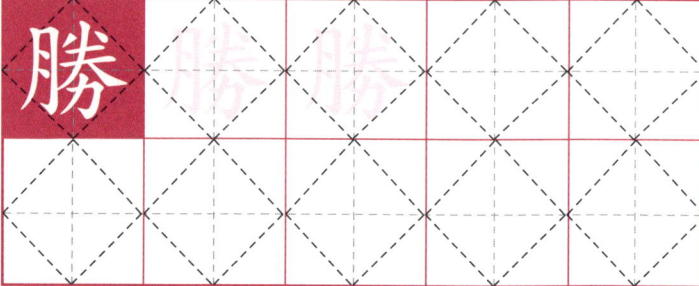

저자 시, 도시 시

巾(수건건) 총 5획

市場 시장	①여러 가지 상품을 사고파는 일정한 장소. ②상품으로서의 재화와 서비스의 거래가 이루어지는 추상적인 영역. (場 마당 장)
市廳 시청	시(市)의 행정(行政) 사무(事務)를 맡아보는 기관, 또는 그 청사(廳舍). (廳 관청 청)

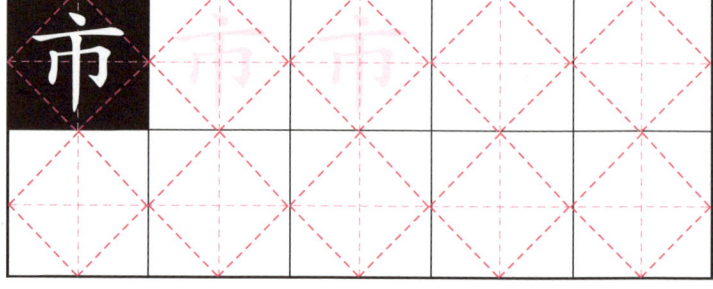

時空 시공	시간(時間)과 공간(空間). (空 빌 공)
時論 시론	한 시대(時代)의 여론(輿論). 그때그때 일어나는 시사(時事)에 대(對)한 평론(評論)이나 의논(議論). (論 논할 론)

丨 冂 冂 日 日 日† 旷 昈 時 時

때 시

日(날 일) 총 10획

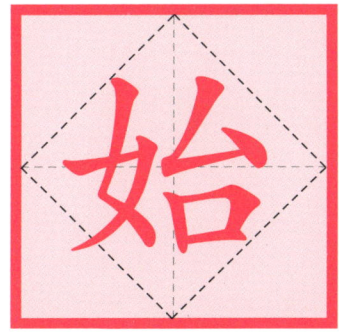

始作 시작	어떤 일이나 행동의 처음 단계를 이루거나 그렇게 하게 함. 또는 그 단계. (作 지을 작)
始祖 시조	①한 겨레나 가계의 맨 처음이 되는 조상. ②어떤 학문이나 기술 따위를 처음으로 연 사람. (祖 조상 조, 할아버지 조)

く 夊 夊 女 女' 如 始 始

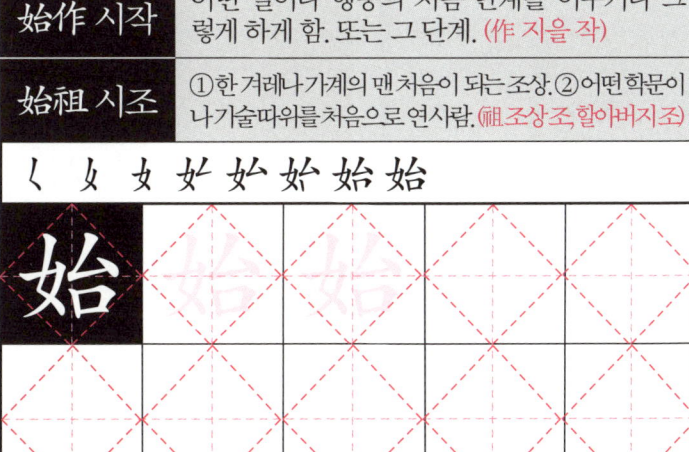

비로소 시

女(여자 녀) 총 8획

食口 식구	한 집안에서 같이 살면서 끼니를 함께 먹는 사람. (口 입 구)
食堂 식당	음식(飮食)만을 먹는 방(房), 또는 간단(簡單)한 음식(飮食)을 파는 집. (堂 집 당)

丿 人 人 今 今 今 食 食 食

밥 식, 먹이 사

食(밥 식) 총 9획

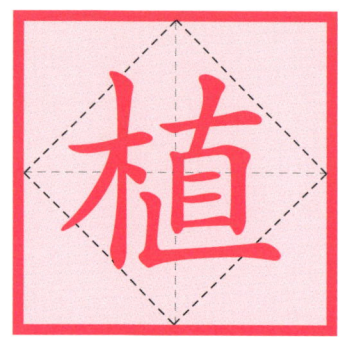

심을 식

木(나무목) 총 12획

植木 식목	나무를 심음. (木 나무 목)
植木日 식목일	나무를 아껴 가꾸고 많이 심기를 권장(勸獎)할 목적(目的)으로 제정(制定)된 날. (木 나무목, 日 날일)

一十才木木 村 柿 枯 枯 植 植 植

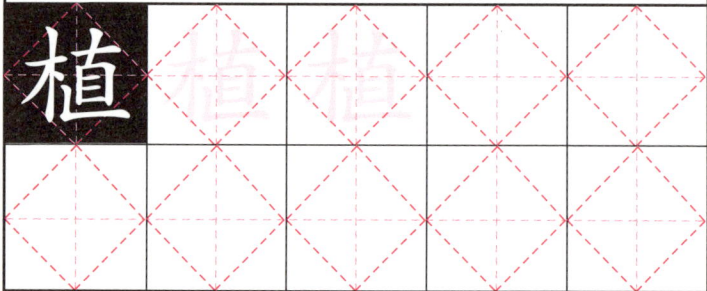

법 식

弋(주살익) 총 6획

式前 식전	식을 거행하기 전. (前 앞 전)
公式 공식	①국가적이나 사회적으로 인정된 공적인 방식. ②계산의 법칙 따위를 문자와 기호로 나타낸 식. (公 공평할 공)

一 二 三 丁 正 式 式

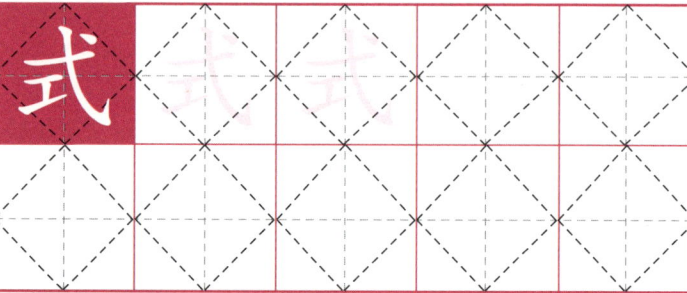

믿을 신

亻(사람인변) 총 9획

信賴 신뢰	굳게 믿고 의지함. (賴 의뢰할 뢰)
信念 신념	굳게 믿는 마음. (念 생각 념)

丿 亻 亻 亻 信 信 信 信 信

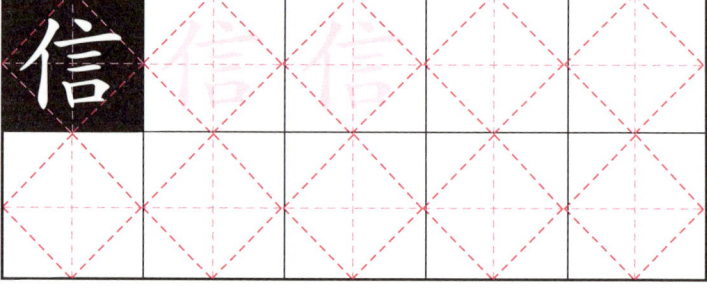

몸 신

身(몸신) 총 7획

身世 신세	①다른 사람에게 도움을 받거나 폐를 끼치는 일. ②불행한 일과 관련된 일신상의 처지와 형편. (世 인간 세)
身體 신체	사람의 몸. (體 몸 체)

新規 신규	①새로운 규칙이나 규정. ②새로이 하는 일. (規 법 규)
新設 신설	새로 설치하거나 설비함. (設 베풀 설)

새 신

斤(날근) 총 13획

神明 신명	신령스럽고 이치에 밝음. (明 밝을 명)
神話 신화	①고대인의 사유나 표상이 반영된 신성한 이야기. ②절대적이고 획기적인 업적을 비유적으로 이르는 말. (話 말씀 화)

귀신 신

示(보일시) 총 10획

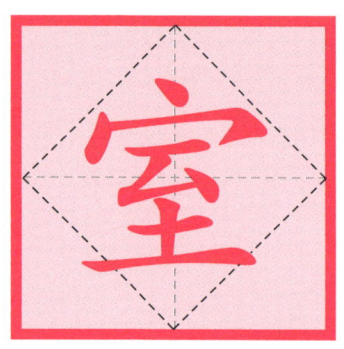

집실, 방실

宀(갓머리) 총 9획

室內 실내	방안. (內 안 내)
教室 교실	유치원, 초등학교, 중·고등학교에서 학습 활동이 이루어지는 방. (教 가르칠 교)

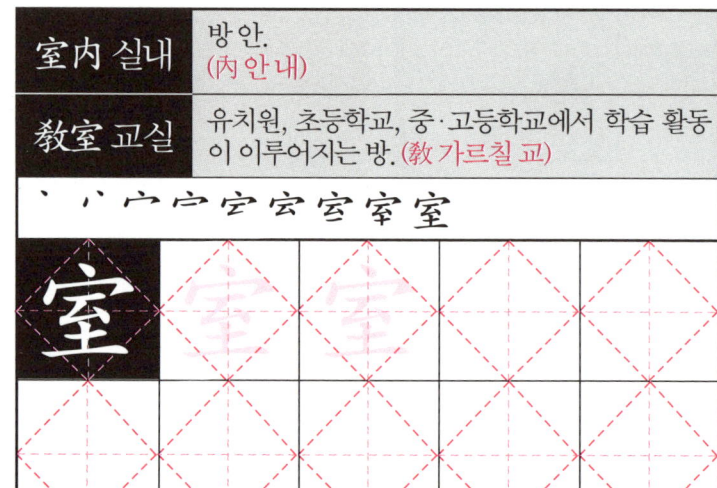

잃을 실

大(큰대) 총 5획

失手 실수	조심하지 아니하여 잘못함. 또는 그런 행위. (手 손 수)
失敗 실패	일을 잘못하여 뜻한 대로 되지 아니하거나 그르침. (敗 패할 패)

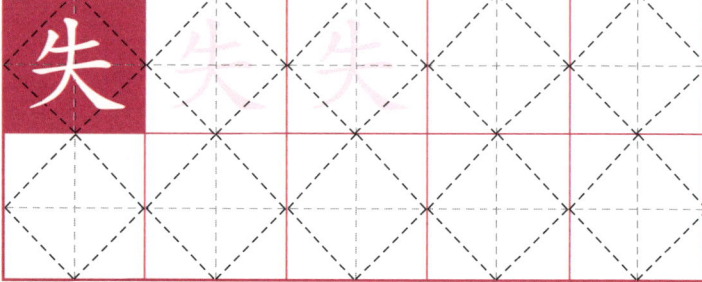

마음 심

心(마음심) 총 4획

心志 심지	마음에 품은 뜻. (志 뜻 지)
心身 심신	마음과 몸을 아울러 이르는 말. (身 몸 신)

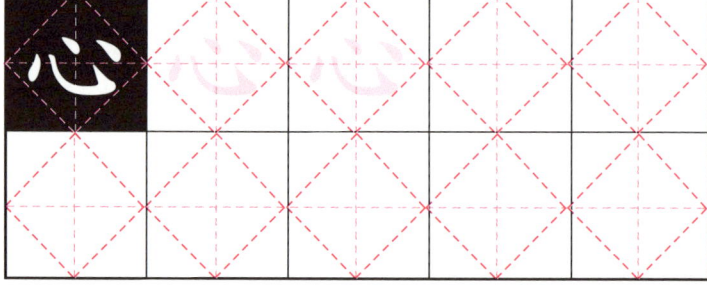

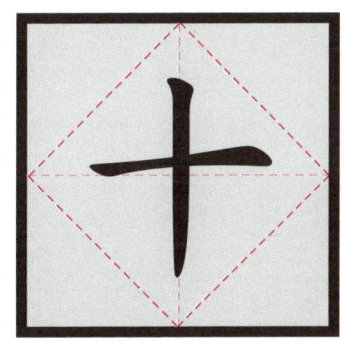

열 십

十(열십) 총 2획

十分 십분	아주 충분히. (分 나눌 분)
十萬 십만	만의 열배 되는 수. (萬 일만 만)

一 十

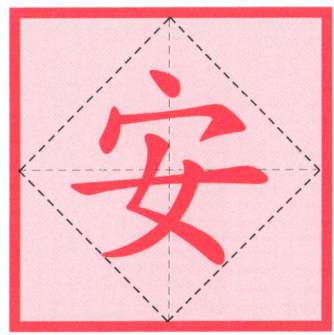

편안할 안

宀(갓머리) 총 6획

安定 안정	일이나 마음이 평안(平安)하게 정(定)하여짐. 흔들리지 않고 안전(安全)하게 자리가 잡힘. (定 정할 정)
安寧 안녕	걱정이나 탈이 없음. 또는 몸이 건강(健康)하고 마음이 편안(便安)함. (寧 안녕 녕)

丶 丶 宀 宁 安 安

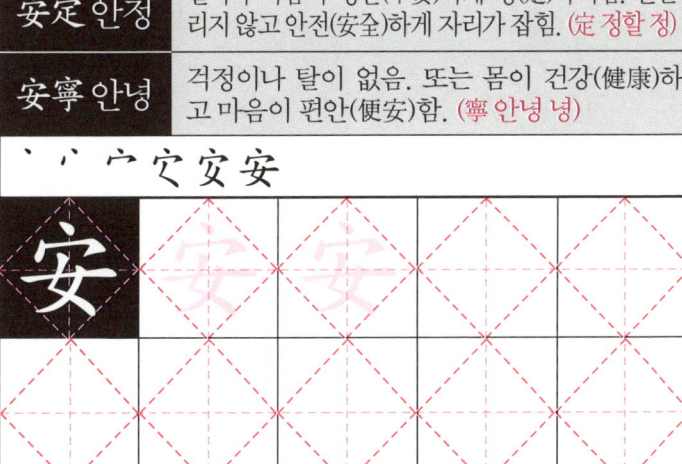

사랑 애

心(마음심) 총 13획

愛國 애국	자기 나라를 사랑함. (國 나라 국)
愛族 애족	자기 겨레를 사랑함. (族 겨레 족)

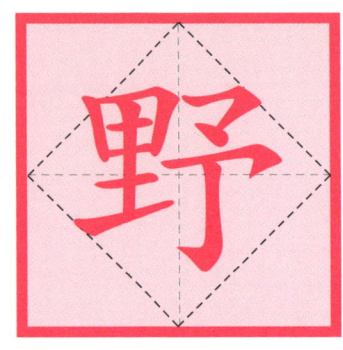

들 야

里 (마을리) 총 11획

野山 야산	들 가까이의 나지막한 산. (山 메 산)
野生 야생	산이나 들에서 저절로 나서 자람. 또는 그런 생물. (生 날 생)

밤 야

夕 (저녁석) 총 8획

夜間 야간	해가 진 뒤부터 먼동이 트기 전까지의 동안. 밤. (間 사이 간)
夜光 야광	① 어둠 속에서 빛을 냄. 또는 그런 물건. ② '달'을 달리 이르는 말. (光 빛 광)

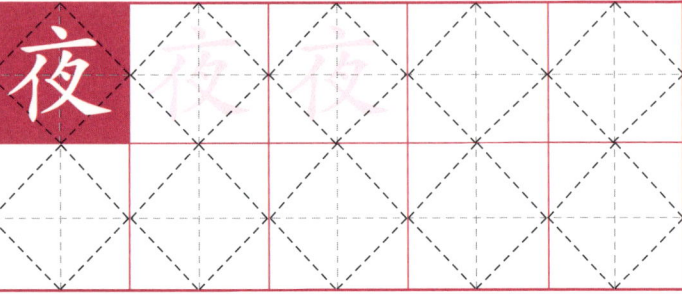

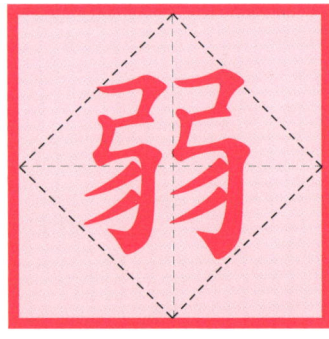

약할 약

弓 (활궁) 총 10획

弱小 약소	약하고 작음. (小 작을 소)
弱者 약자	힘이나 세력이 약한 사람이나 생물. 또는 그런 집단. (者 놈 자)

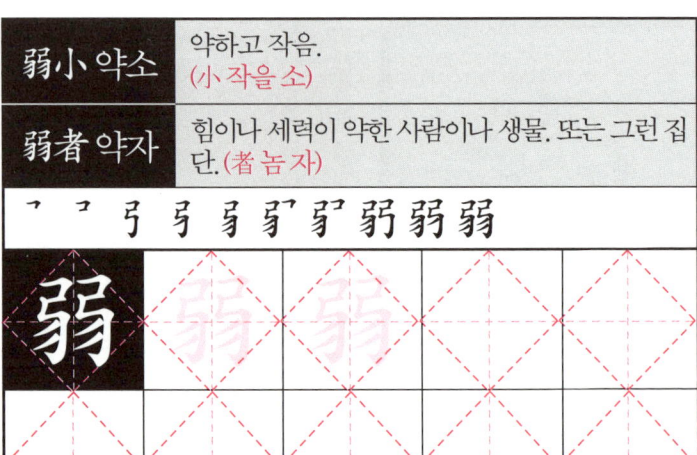

약 **약**

艹(초두머리) 총 19획

藥物 약물	약의 재료가 되는 물질. (物 물건 물)
藥用 약용	약으로 씀. (用 쓸 용)

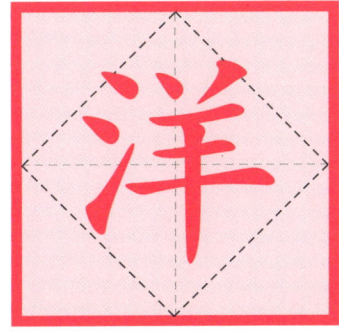

큰 바다 **양**

氵(삼수변) 총 9획

洋屋 양옥	서양식으로 지은 집. (屋 집 옥)
西洋 서양	유럽과 남북아메리카의 여러 나라를 통틀어 이르는 말. (西 서녘 서)

볕 **양**

阝(좌부변) 총 12획

陽地 양지	① 볕이 바로 드는 곳. ② 혜택을 받는 입장을 비유적으로 이르는 말. (地 땅 지)
夕陽 석양	저녁때의 햇빛. 또는 저녁때의 저무는 해. (夕 저녁 석)

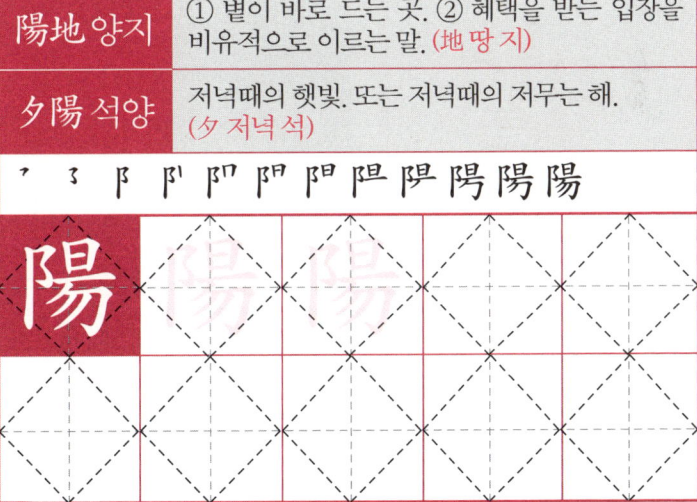

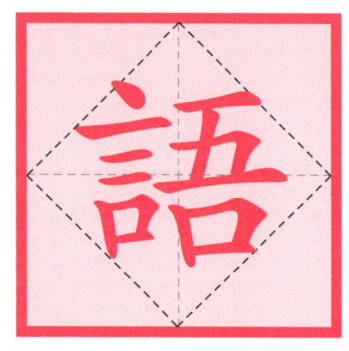

말씀 어

言(말씀언) 총 14획

語學 어학	언어(言語)에 대해 연구(研究)하는 학문(學問). (學 배울 학)
語錄 어록	훌륭한 학자(學者)나 지도자(指導者)들이 한 말을 간추려 모은 기록(記錄). (錄 적을 록)

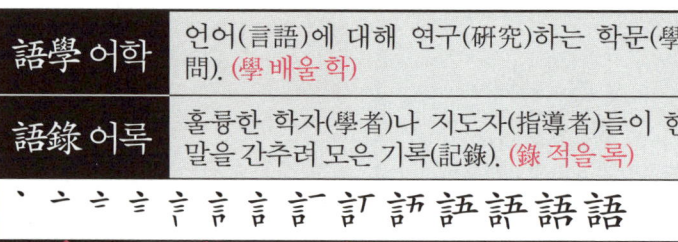

말씀 언

言(말씀언) 총 7획

言約 언약	말로 약속함. 또는 그런 약속. (約 맺을 약)
言行 언행	말과 행동을 아울러 이르는 말. (行 다닐 행)

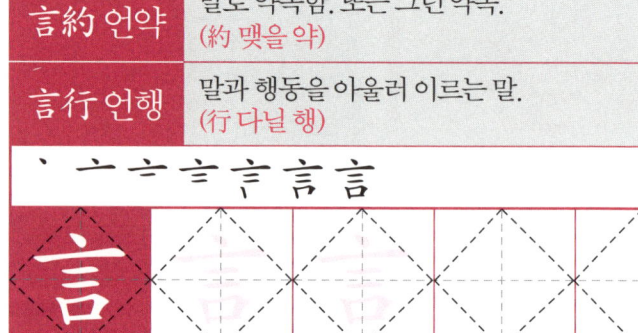

업 업

木(나무목) 총 13획

業主 업주	영업(營業)에 관한 모든 책임(責任)과 권한(權限)을 가지는 주인(主人). 영업주. (主 임금 주)
業體 업체	사업이나 기업의 주체. (體 몸 체)

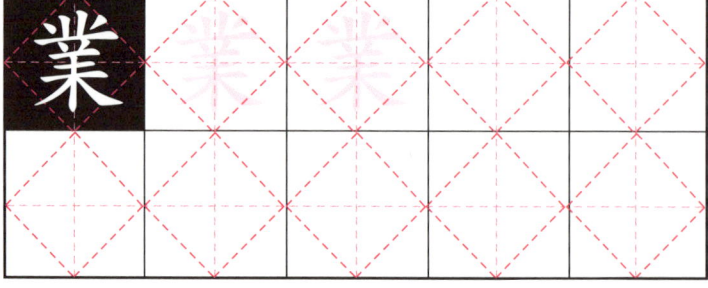

그럴 연, 불탈 연

灬(연화발) 총 12획

| 然則 연즉 | 그런즉, 그러면. (則 곧 즉, 법칙 칙) |
| 然後 연후 | 그러한 뒤. (後 뒤 후) |

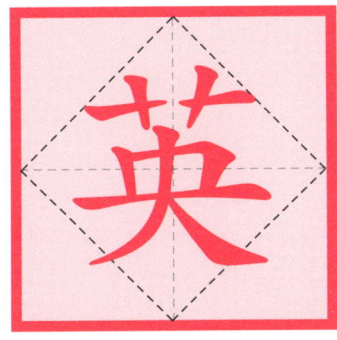

꽃부리 영, 뛰어날 영

艹(초두머리) 총 9획

| 英國 영국 | 유럽 서부 대서양 가운데 있는 입헌 군주국. 수도는 런던. (國 나라 국) |
| 英才 영재 | 뛰어난 재주. 또는 그런 사람. (才 재주 재) |

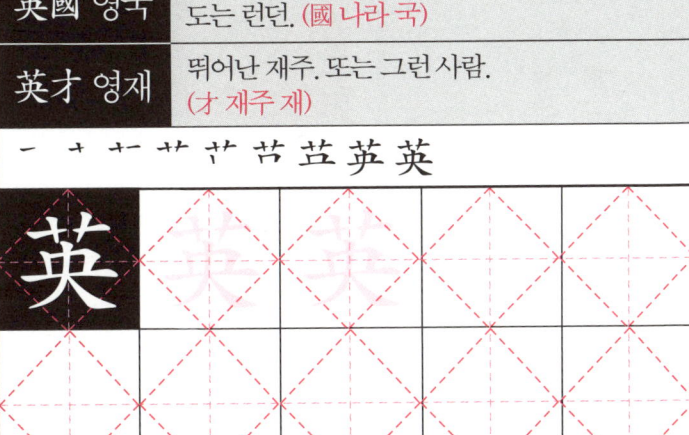

길 영

水(물수) 총 5획

| 永生 영생 | 영원한 생명. 또는 영원히 삶. (生 날 생) |
| 永住 영주 | 한곳에 오래 삶. (住 살 주) |

다섯 오

二(두이) 총 4획

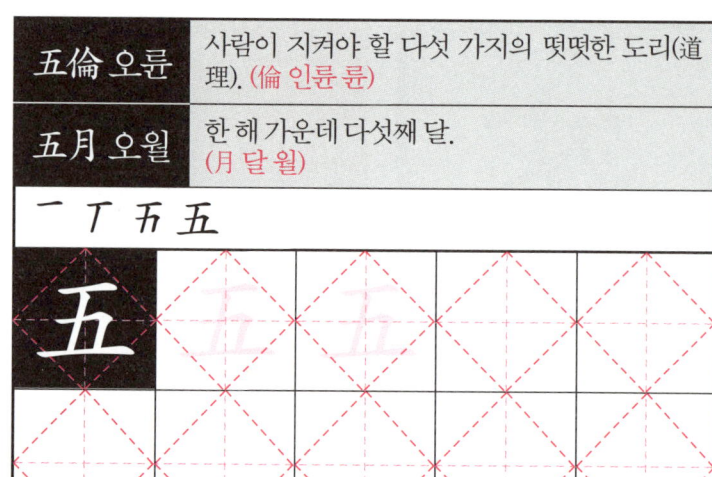

五倫 오륜	사람이 지켜야 할 다섯 가지의 떳떳한 도리(道理). (倫 인륜 륜)
五月 오월	한 해 가운데 다섯째 달. (月 달 월)

一 丁 五 五

낮 오, 일곱째 지지 오

十(열십) 총 4획

午前 오전	자정으로부터 낮 열두 시까지의 동안. (前 앞 전)
午睡 오수	낮잠. 낮에 자는 잠. (睡 졸음 수)

丿 𠂉 二 午

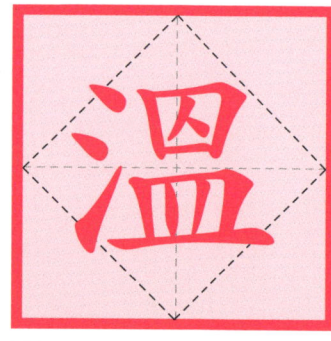

따뜻할 온

氵(삼수변) 총 13획

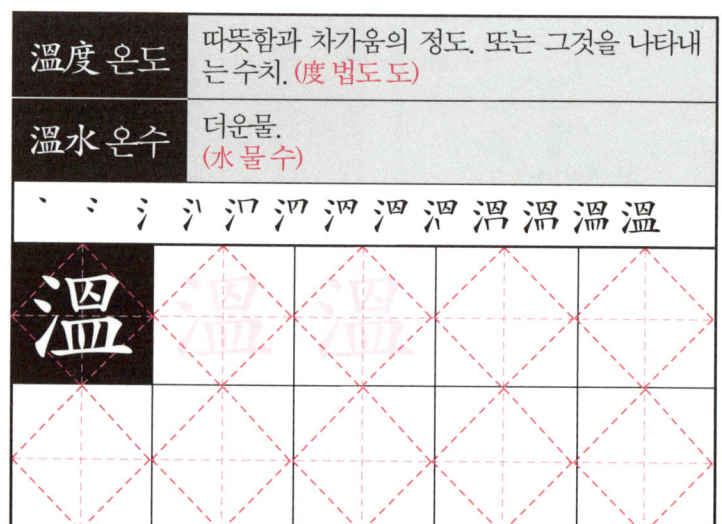

溫度 온도	따뜻함과 차가움의 정도. 또는 그것을 나타내는 수치. (度 법도 도)
溫水 온수	더운물. (水 물 수)

丶 丶 氵 氵 沪 沪 沪 沪 汨 渭 溫 溫 溫

임금 왕
王(구슬옥변) 총 4획

王道 왕도	임금으로서 마땅히 지켜야 할 도리(道理). (道 길 도)
女王 여왕	여자(女子) 임금. (女 여자 녀)

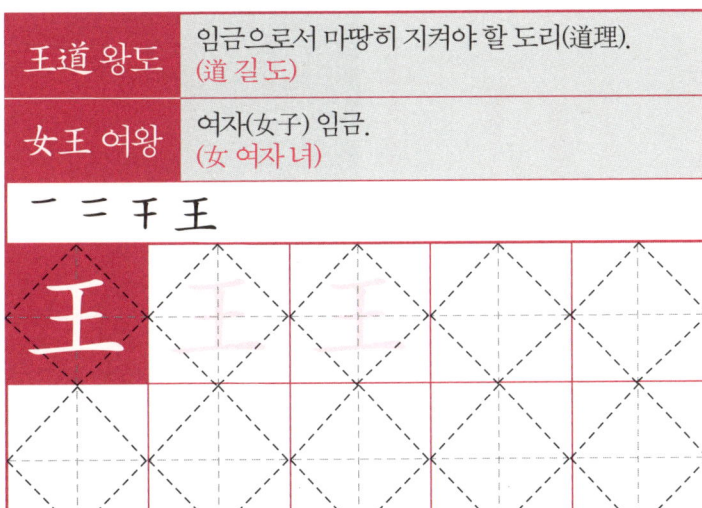

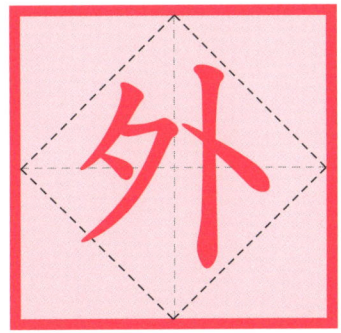

밖 외, 바깥 외
夕(저녁석) 총 5획

海外 해외	'바다 밖의 다른 나라' 라는 뜻으로 '외국(外國)'을 일컫는 말. (海 바다 해)
外交 외교	일을 하기 위(爲)하여 밖의 사람과 교제(交際)함. (交 사귈 교)

날랠 용, 용감할 용
力(힘력) 총 9획

勇氣 용기	씩씩하고 굳센 기운. 또는 사물을 겁내지 아니하는 기개. (氣 기운 기)
勇士 용사	용맹스러운 사람. (士 선비 사)

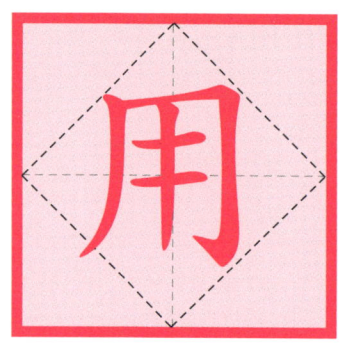

쓸 용

用(쓸용) 총 5획

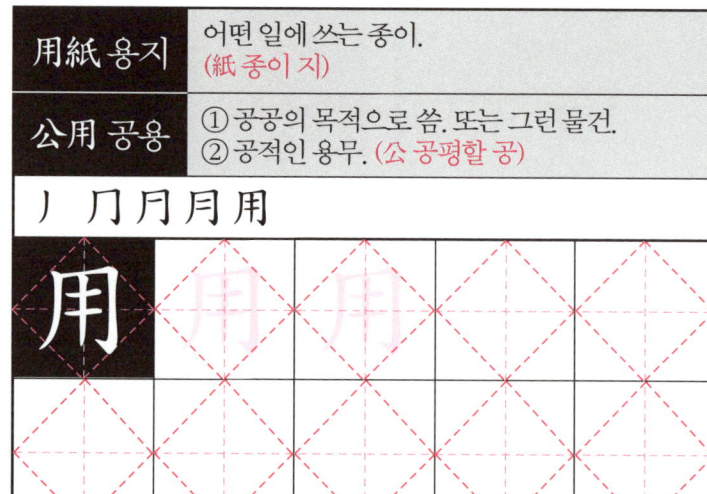

用紙 용지	어떤 일에 쓰는 종이. (紙 종이 지)
公用 공용	① 공공의 목적으로 씀. 또는 그런 물건. ② 공적인 용무. (公 공평할 공)

ノ 几 月 月 用

오른쪽 우

口(입구) 총 5획

右側 우측	오른쪽. (側 곁 측)
右舷 우현	오른쪽의 뱃전. (舷 뱃전 현)

ノ ナ オ 右 右

옮길 운

辶(책받침) 총 13획

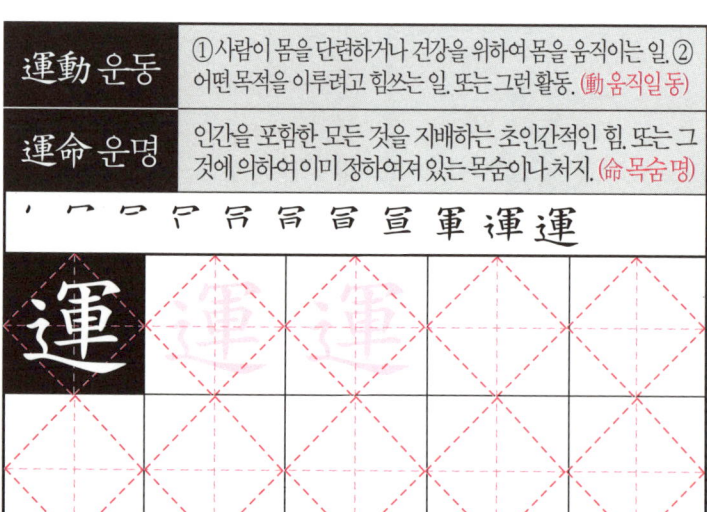

運動 운동	① 사람이 몸을 단련하거나 건강을 위하여 몸을 움직이는 일. ② 어떤 목적을 이루려고 힘쓰는 일. 또는 그런 활동. (動 움직일 동)
運命 운명	인간을 포함한 모든 것을 지배하는 초인간적인 힘. 또는 그 것에 의하여 이미 정하여져 있는 목숨이나 처지. (命 목숨 명)

ノ 冂 冂 曰 甲 冒 冒 軍 軍 運 運

동산 원
口(큰입구몸) 총 13획

公園 공원	국가나 지방 공공 단체가 공중의 보건·휴양·놀이 따위를 위하여 마련한 정원, 유원지, 동산 등의 사회 시설. (公 공평할 공)
田園 전원	논과 밭이라는 뜻으로, 도시에서 떨어진 시골이나 교외(郊外)를 이르는 말. (田 밭 전)

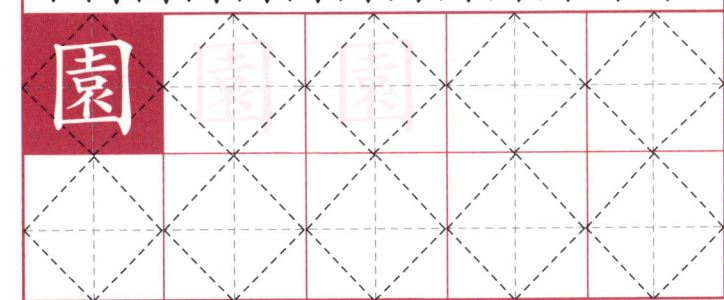

멀 원
辶(책받침) 총 14획

遠近 원근	멀고 가까움. (近 가까울 근)
遠洋 원양	뭍에서 멀리 떨어진 큰 바다. (洋 큰 바다 양)

一 十 土 十 吉 吉 声 声 声 袁 袁 遠 遠

달 월
月(달월) 총 4획

月光 월광	달빛. 달에서 비쳐 오는 빛. (光 빛 광)
日月 일월	해와 달. (日 날 일)

丿 刀 月 月

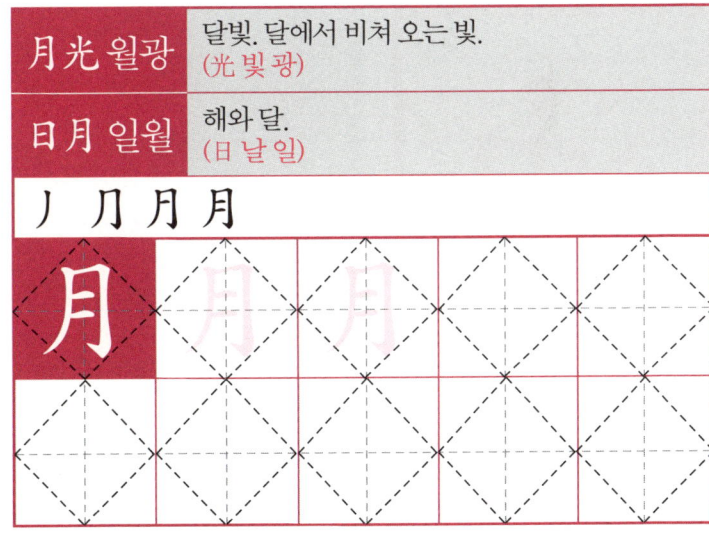

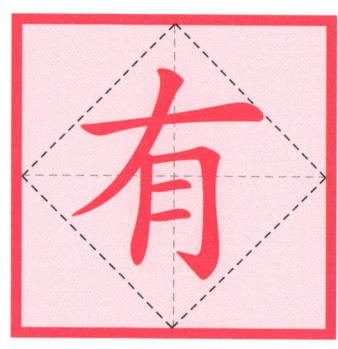

있을 유

月(달 월) 총 6획

有功 유공	공로(功勞)가 있음. (功 공로 공)
有害 유해	해가 있음. 해로움. (害 해칠 해)

ノ ナ 冇 冇 有 有

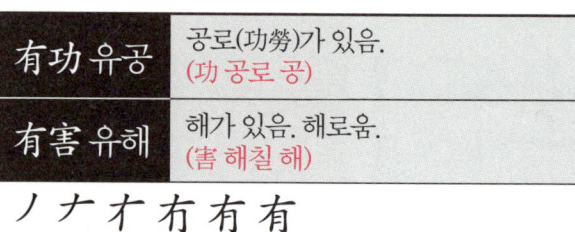

말미암을 유

田(밭 전) 총 5획

由來 유래	사물이나 일이 생겨남. 또는 그 사물이나 일이 생겨난 바. (來 올 래)
事由 사유	일의 까닭. (事 일 사)

丨 冂 日 由 由

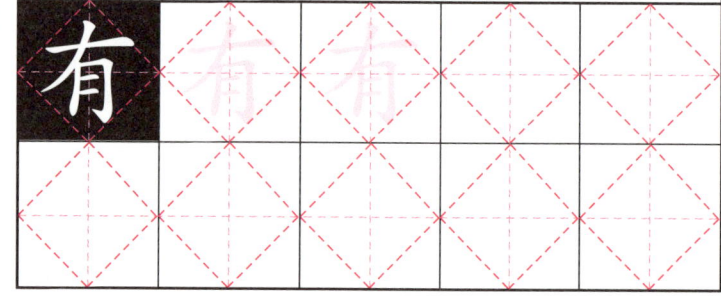

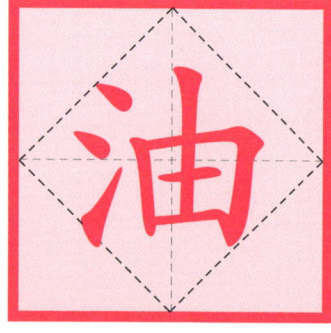

기름 유

氵(삼수변) 총 8획

油田 유전	석유가 나는 곳. (田 밭 전)
石油 석유	땅속에서 천연으로 나는, 탄화수소를 주성분으로 하는 가연성 기름. (石 돌 석)

丶 冫 氵 氵 沖 泊 油 油

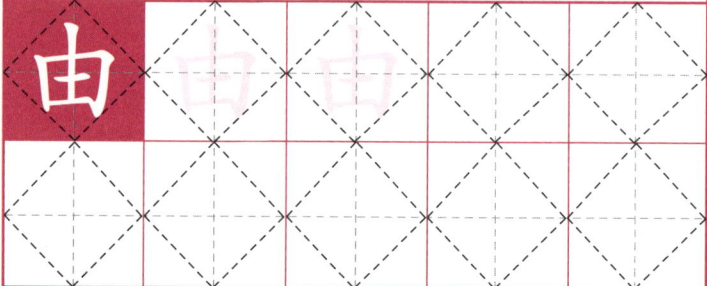

기를 육

月(육달월) 총 8획

育英 육영	영재를 가르쳐 기름. (英 뛰어날 영, 꽃부리 영)
育兒 육아	어린아이를 기름. (兒 아이 아)

은 은

金(쇠금) 총 14획

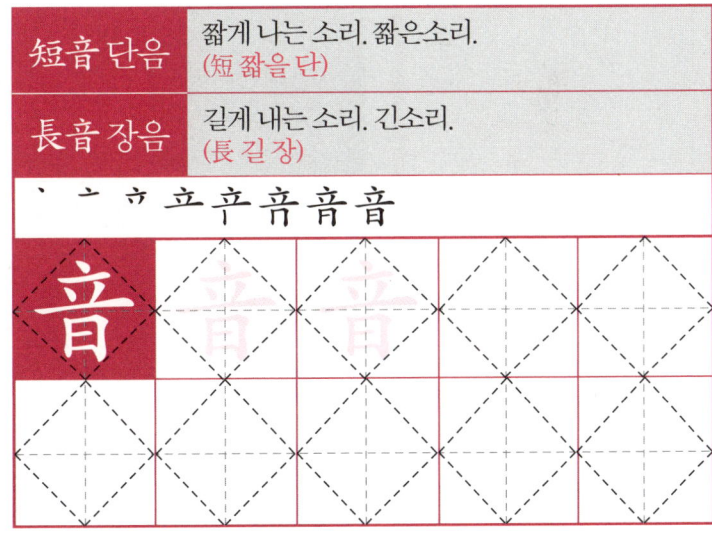

銀行 은행	예금을 받아 그 돈을 자금으로 하여 대출, 어음 거래, 증권의 인수 따위를 업무로 하는 금융 기관. (行 다닐 행)
水銀 수은	상온에서 유일하게 액체 상태로 있는 은백색의 금속 원소. 끓는점 356.6℃, 어는점 영하 38.87℃. (水 물 수)

短音 단음	짧게 나는 소리. 짧은소리. (短 짧을 단)
長音 장음	길게 내는 소리. 긴소리. (長 길 장)

소리 음

音(소리음) 총 9획

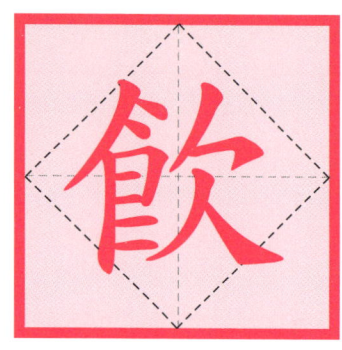

마실 음

食(밥식변) 총 13획

飮食 음식	사람이 먹을 수 있도록 만든, 밥이나 국 따위의 물건. (食 밥 식)
飮料 음료	사람이 마실 수 있도록 만든 액체를 통틀어 이르는 말. (料 헤아릴 료)

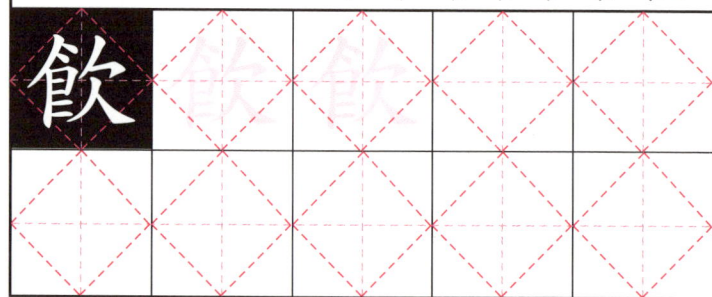

고을 읍

邑(고을읍) 총 7획

邑圖 읍도	한 읍의 지도(地圖). (圖 그림 도)
邑民 읍민	읍내(邑內)에 사는 사람. (民 백성 민)

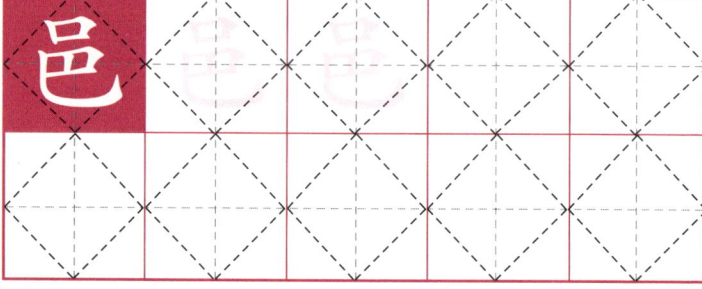

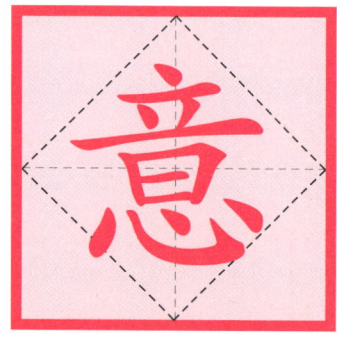

뜻 의

心(마음심) 총 13획

意見 의견	어떤 대상에 대하여 가지는 생각. (見 볼 견)
意外 의외	①뜻밖. ②생각 밖. (外 바깥 외)

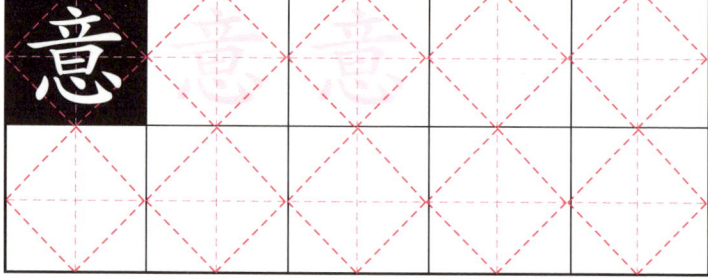

醫大 의대	'의과 대학'을 줄여 이르는 말. (大 클 대)
名醫 명의	병을 잘 고쳐 이름난 의원이나 의사. (名 이름 명)

一 T T T 至 至 医 医 医 医 医 医 医 医 医 医 医 医

의원 의

酉(닭유) 총 18획

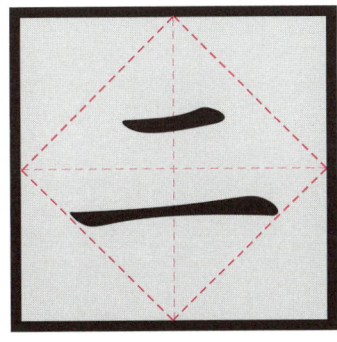

衣服 의복	옷. 몸을 싸서 가리거나 보호하기 위하여 피륙 따위로 만들어 입는 물건(物件). (服 옷 복)
衣食住 의식주	옷과 음식과 집을 통틀어 이르는 말. 인간 생활의 세 가지 기본 요소. (食 밥 식, 住 살 주)

丶 一 ナ オ 衣 衣

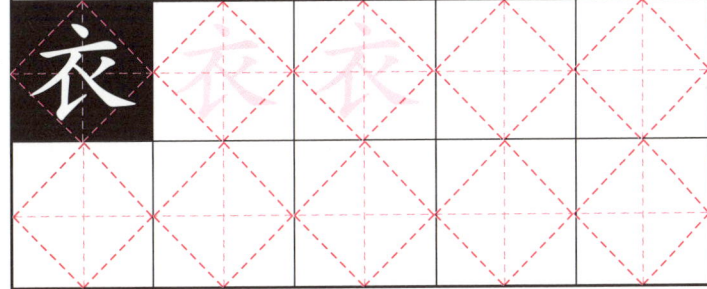

옷 의

衣(옷의) 총 6획

二重 이중	두 겹, 중복(重複). (重 무게 중)
二十 이십	스물. (十 열 십)

一 二

두 이

二(두이) 총 2획

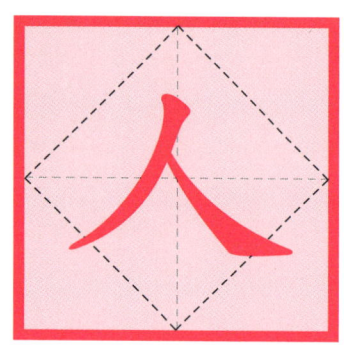

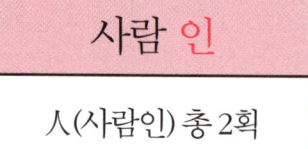

사람 인

人(사람인) 총 2획

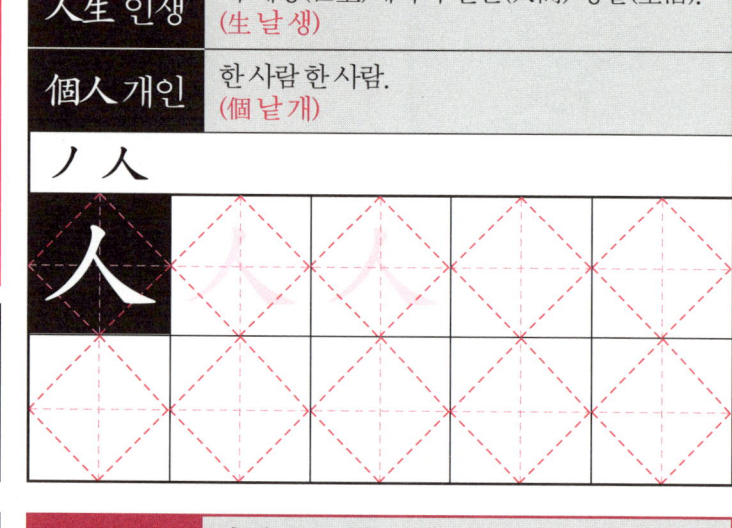

人生 인생	이 세상(世上)에서의 인간(人間) 생활(生活). (生 날 생)
個人 개인	한 사람 한 사람. (個 낱 개)

ノ 人

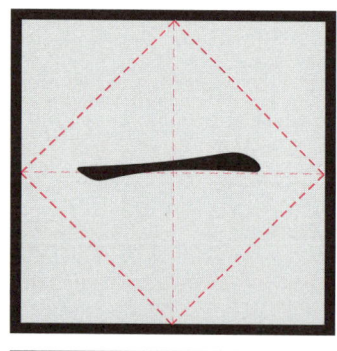

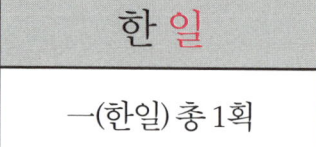

한 일

一(한일) 총 1획

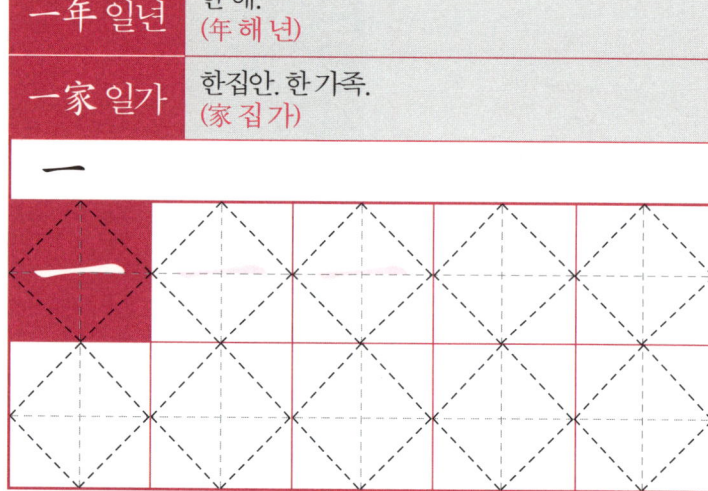

一年 일년	한 해. (年 해 년)
一家 일가	한집안. 한 가족. (家 집 가)

一

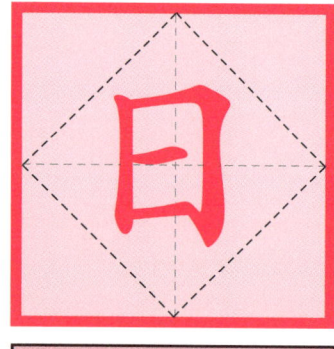

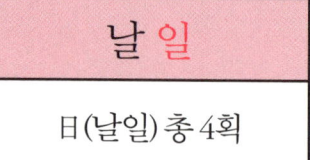

날 일

日(날일) 총 4획

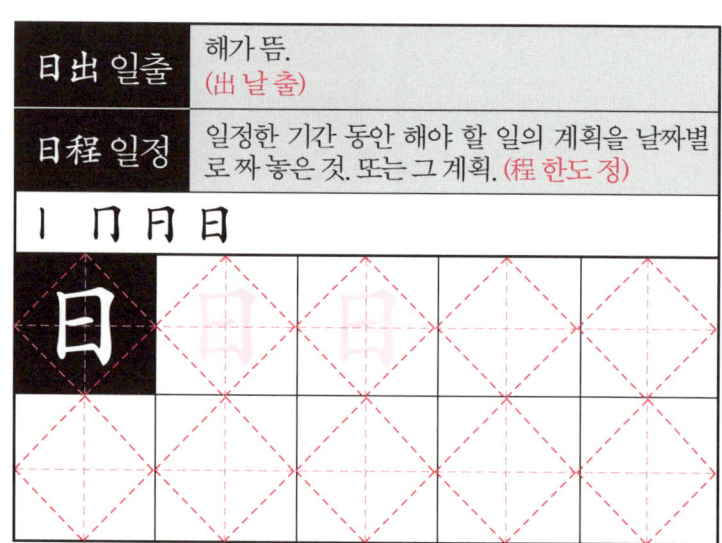

日出 일출	해가 뜸. (出 날 출)
日程 일정	일정한 기간 동안 해야 할 일의 계획을 날짜별로 짜 놓은 것. 또는 그 계획. (程 한도 정)

l 冂 月 日

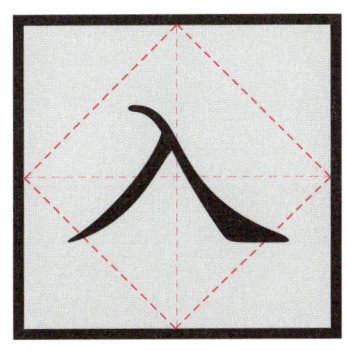

들 입

入(들입) 총 2획

入學 입학	학교(學校)에 들어감. (學 배울 학)
入社 입사	회사(會社)에 취직(就職)하여 들어감. (社 모일 사)

ノ 入

入

스스로 자

自(스스로자) 총 6획

自由 자유	① 남의 구속을 받지 않고, 자기 마음대로 함. ② 자기가 뜻하는 대로 함. (由 말미암을 유)
自習 자습	혼자의 힘으로 배워서 익힘. (習 익힐 습)

ˊ 丨 冂 冃 自 自

自

아들 자

子(아들자) 총 3획

童子 동자	① 남자아이. ② 승려가 되려고 절에서 공부하면서 아직 출가하지 아니한 사내아이. (童 아이 동)
子息 자식	① 부모가 낳은 아이를, 그 부모에 상대하여 이르는 말. ② 어린아이를 귀엽게 이르는 말. (息 쉴 식)

丶 了 子

子

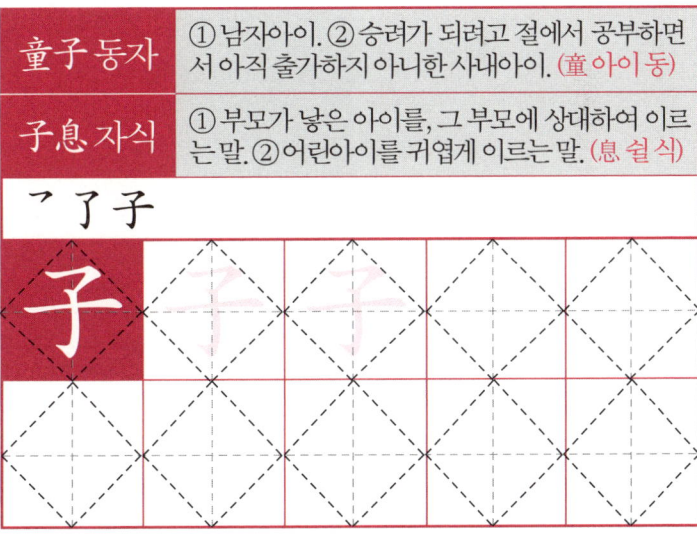

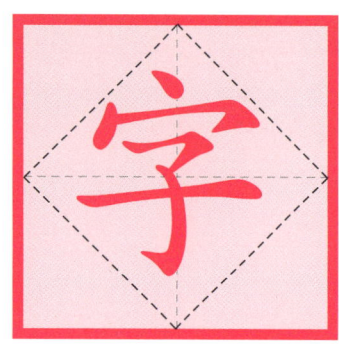

字音 자음	글자의 음. 흔히 한자의 음을 말함. (音 소리 음)
字義 자의	표의 문자에서 글자의 뜻. 흔히 한자의 뜻을 이름. (義 옳을 의)

丶 丷 宀 宂 宁 字

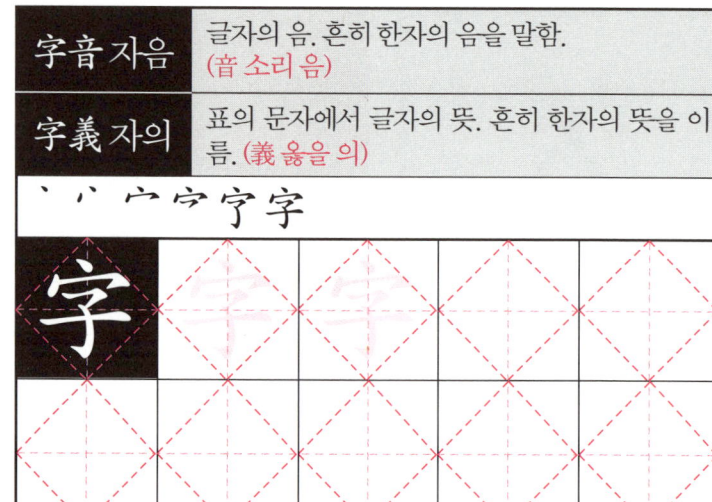

글자 자

子(아들자) 총 6획

記者 기자	신문, 잡지, 방송 따위에 실을 기사를 취재하여 쓰거나 편집하는 사람. (記 기록할 기)
富者 부자	재물이 많아 살림이 넉넉한 사람. (富 부유할 부)

一 十 土 耂 耂 耂 者 者

놈 자

耂(늙을로엄) 총 9획

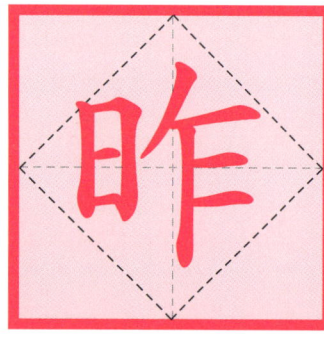

昨今 작금	①어제와 오늘. ②요즈음. ③요사이. (今 이제 금)
昨年 작년	지난해. (年 해 년)

丨 冂 日 日 旷 旷 昨 昨

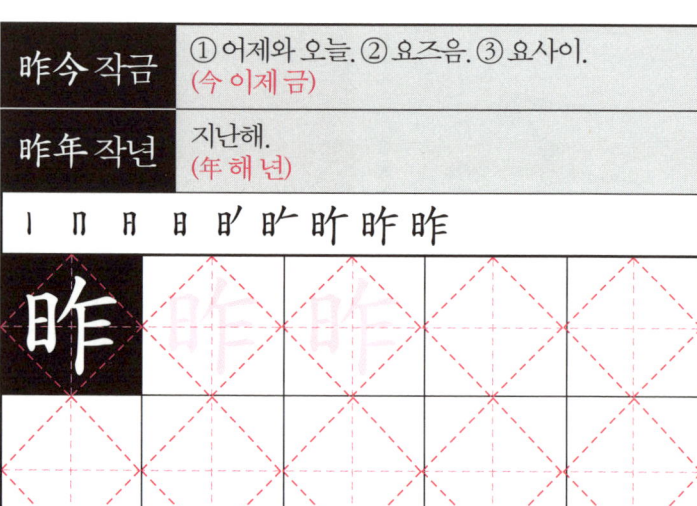

어제 작

日(날일) 총 9획

지을 작

亻(사람인변) 총 7획

作業 작업	① 일을 함. 또는 그 일. ② 일정한 목적과 계획 아래 하는 일. (業 업 업)
作用 작용	어떠한 현상을 일으키거나 영향을 미침. (用 쓸 용)

ノ 亻 亻 亻 亻 作 作

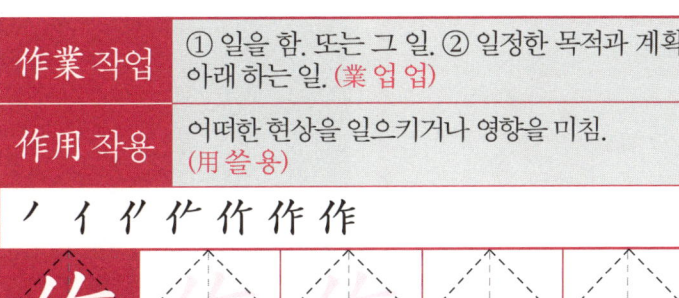

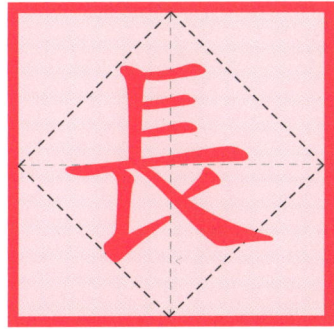

길 장, 어른 장

長(길장) 총 8획

長點 장점	좋거나 잘하거나 긍정적인 점. (點 점 점)
長男 장남	맏아들. (男 사내 남)

一 厂 厂 F 토 트 長 長

마당 장

土(흙토) 총 12획

場所 장소	어떤 일이 이루어지거나 일어나는 곳. (所 바 소)
牧場 목장	소·말·양 따위를 놓아먹이는 넓은 구역(區域)의 땅. (牧 기를 목)

一 十 土 圵 圴 圴 坦 坦 垾 場 場 場

章程 장정	여러 조목으로 나누어 마련한 규정. (程 한도 정)
章節 장절	글에서의 장과 절을 아울러 이르는 말. (節 마디 절)

丶 亠 立 立 产 音 音 音 章 章

글 장

立(설립) 총 11획

才能 재능	어떤 일을 하는 데 필요한 재주와 능력. 개인이 타고난 능력과 훈련에 의하여 획득된 능력을 아울러 이름. (能 능할 능)
人才 인재	재주가 아주 뛰어난 사람. (人 사람 인)

一 十 才

재주 재

扌(재방변) 총 3획

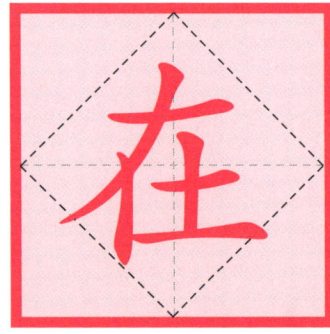

不在 부재	그곳에 있지 아니함. (不 아닐 부)
所在 소재	어떤 곳에 있음. 또는 있는 곳. (所 바 소)

一 ナ 才 才 在 在

있을 재

土(흙토) 총 6획

번개 전

雨(비 우) 총 13획

原電 원전	원자력(原子力) 발전(發電). 원자력(原子力) 발전소(發電所). (原 근원 원, 언덕 원)
電話 전화	전화기(電話機)를 이용(利用)하여 서로 이야기를 주고받음. (話 말씀 화)

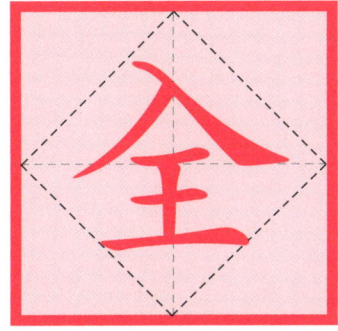

온전할 전

入(들 입) 총 6획

全勝 전승	전쟁이나 경기 따위에서 한 번도 지지 아니하고 모두 이김. (勝 이길 승)
安全 안전	편안(便安)하여 탈이나 위험성(危險性)이 없음. 또는 그런 상태. (安 편안 안)

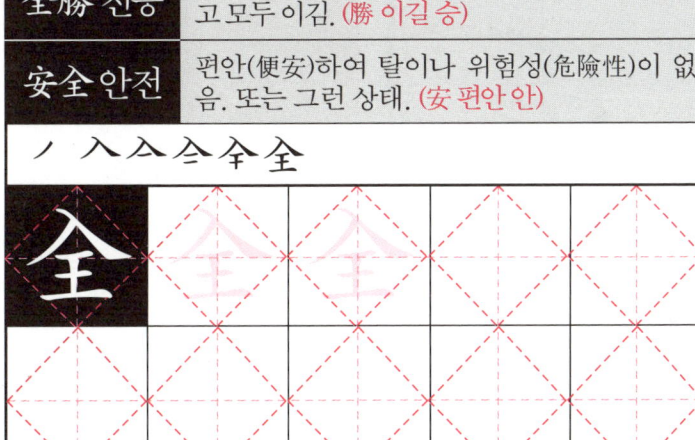

앞 전

刂(선칼도방) 총 9획

事前 사전	어떤 일을 시작(始作)하거나 실행(實行)하기 전, 또는 일이 일어나기 전(前). (事 일 사)
前後 전후	앞과 뒤. 먼저와 나중. (後 뒤 후)

싸움 전
戈(창과) 총 16획

戰力 전력	전류가 단위 시간에 하는 일. 또는 단위 시간에 사용되는 에너지의 양. (力 힘 력)
作戰 작전	①어떤 일을 이루기 위하여 필요한 조치나 방법을 강구함. ②군사적 목적을 이루기 위하여 행하는 전투. (作 지을 작)

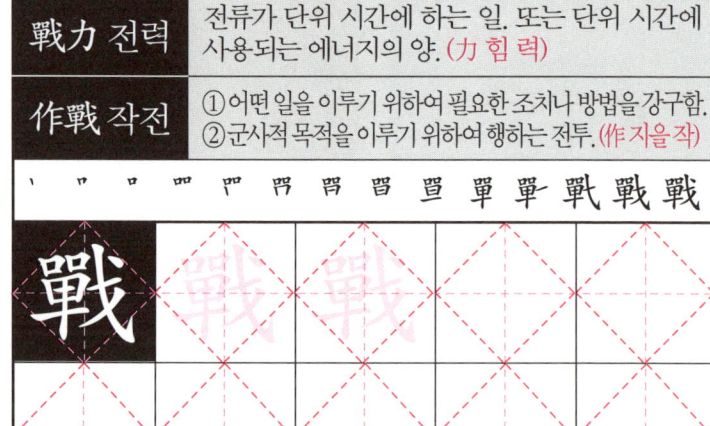

바를 정
止(그칠지) 총 5획

正直 정직	거짓이나 꾸밈이 없이 성품(性品)이 바르고 곧음. (直 곧을 직)
正確 정확	어떤 기준(基準)이나 사실(事實)에 잘못됨이나 어긋남이 없이 바르게 맞는 상태(狀態)에 있는 것. (確 굳을 확)

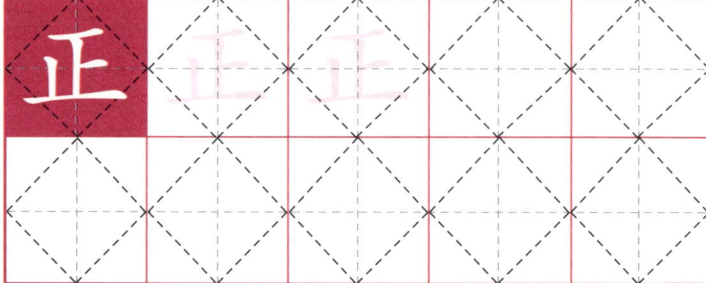

뜰 정
广(엄호) 총 10획

庭園 정원	집 안에 있는 뜰이나 꽃밭. (園 동산 원)
庭請 정청	세자나 의정(議政)이 백관을 거느리고 궁정에 이르러 큰일을 보고하고 명령을 기다리던 일. (請 청할 청)

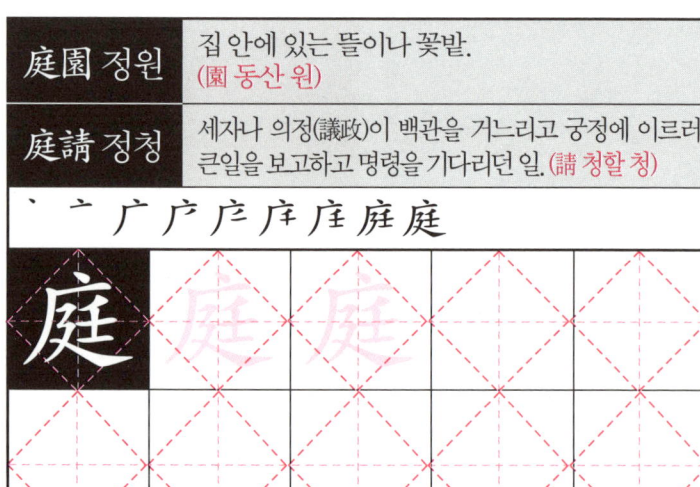

정할 정

宀(갓머리) 총 8획

定立 정립	① 정하여 세움. ② 전체에서 특정한 면이나 일정한 내용을 추출하여 고정하는 일. (立 설 립)
國定 국정	나라에서 정함. 또는 그런 것. (國 나라 국)

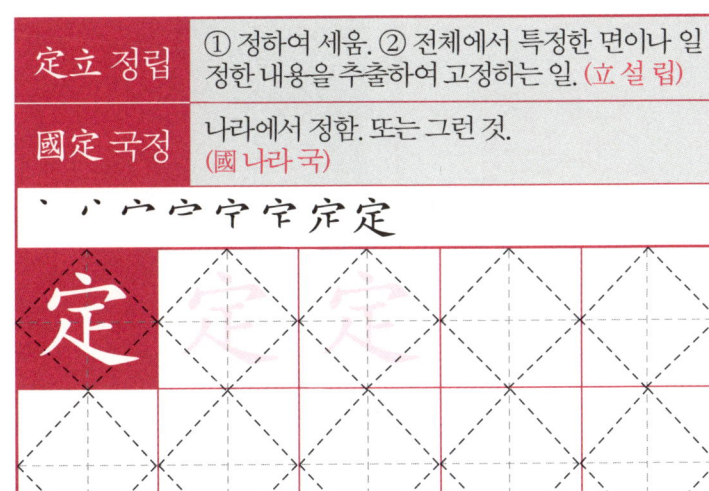

아우 제

弓(활궁) 총 7획

弟子 제자	스승으로부터 가르침을 받는 사람. (子 아들 자)
師弟 사제	스승과 제자(弟子). (師 스승 사)

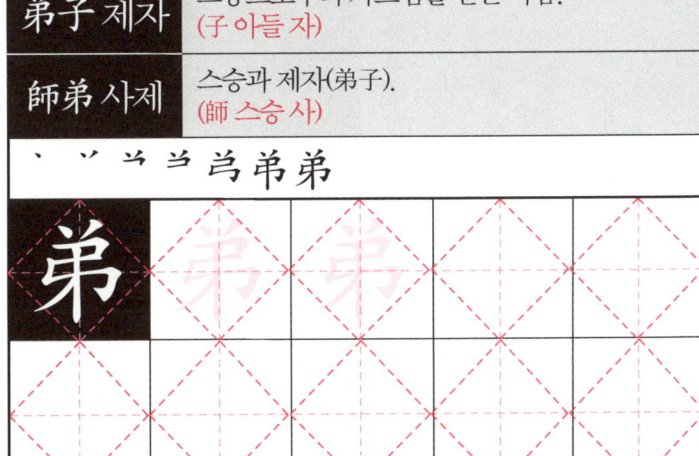

차례 제

竹(대죽) 총 11획

第一 제일	① 여럿 가운데서 첫째가는 것. ② 여럿 가운데 가장. (一 한 일)
第三者 제삼자	일정한 일에 직접 관계가 없는 사람. (三 석 삼, 者 놈 자)

제목 제

頁(머리혈) 총 18획

題目 제목	작품이나 강연, 보고 따위에서, 그것을 대표하거나 내용을 보이기 위하여 붙이는 이름. (目 눈 목)
題言 제언	서적, 화폭, 비석 따위의 첫머리에 쓴 글. (言 말씀 언)

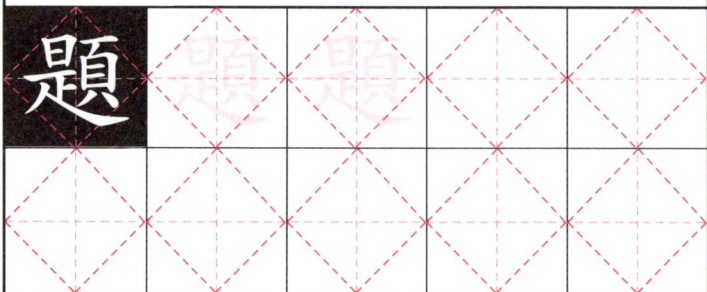

조상 조, 할아버지 조

示(보일시) 총 10획

祖上 조상	한 집안이나 한 민족(民族)의 옛 어른들. (上 위 상)
祖國 조국	조상(祖上) 적부터 살던 나라. 자기(自己)의 국적이 속하여 있는 나라. (國 나라 국)

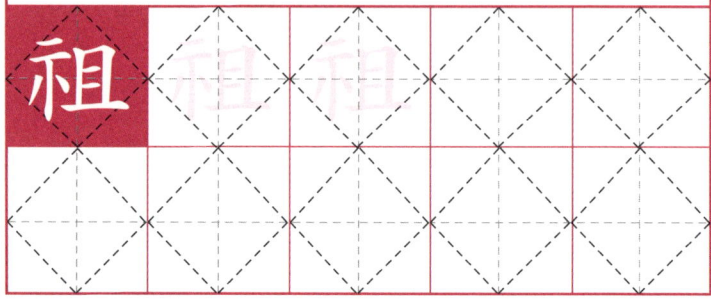

아침 조

月(달월) 총 12획

朝夕 조석	아침과 저녁을 아울러 이르는 말. (夕 저녁 석)
王朝 왕조	같은 왕가에 속하는 통치자의 계열. 또는 그 왕가가 다스리는 시대. (王 임금 왕)

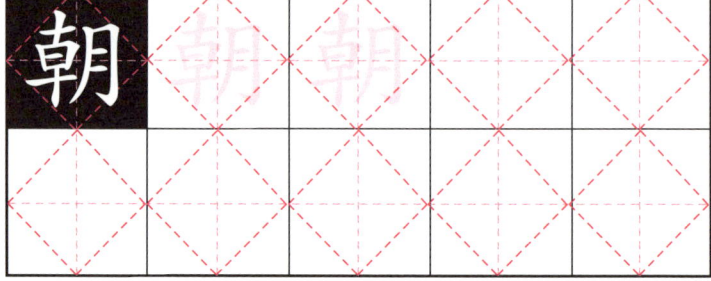

발 족, 지나칠 주

足(발족) 총 7획

滿足 만족	마음에 모자람이 없어 흐뭇함. (滿 찰 만)
洽足 흡족	아주 넉넉함, 두루 퍼져서 조금도 모자람이 없음. (洽 흡족할 흡)

ㅣ ㅁ ㅁ ㅁ ㅁ 足 足

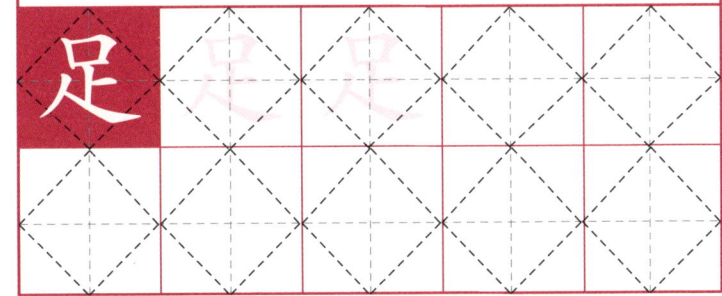

겨레 족

方(모방) 총 11획

家族 가족	주로 부부를 중심으로 한, 친족 관계에 있는 사람들의 집단. 또는 그 구성원. (家 집 가)
族譜 족보	① 한 가문의 계통과 혈통 관계를 적어 기록한 책. ② 한 가문의 계통과 혈통 관계. (譜 족보 보)

丶 亠 方 方 方 方 扩 扩 族 族

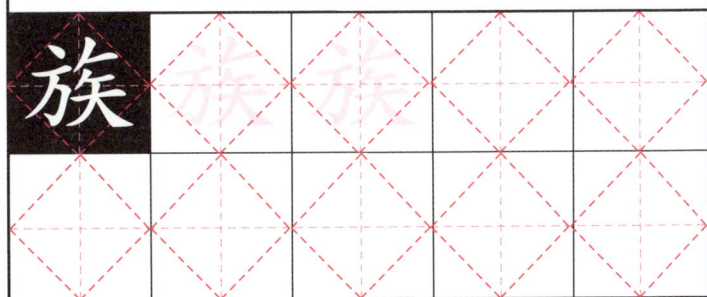

왼 좌

工(장인공) 총 5획

左右 좌우	왼쪽과 오른쪽을 아울러 이르는 말. (右 오른쪽 우)
左側 좌측	왼쪽. (側 곁 측)

一 ナ ナ 左 左

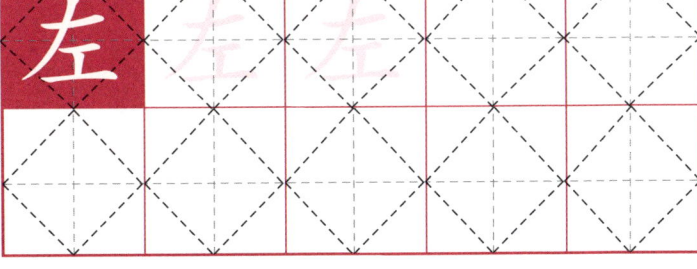

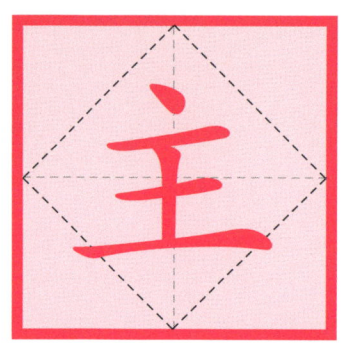

임금 주, 주인 주

、(점주) 총 5획

主張 주장	자기(自己) 의견(意見)을 굳이 내세움. (張 베풀 장)
主婦 주부	한 가정의 살림살이를 맡아 꾸려 가는 안주인. (婦 아내 부)

、 ニ 二 キ 主

살 주

亻(사람인변) 총 7획

住所 주소	사는 곳. (所 바 소)
住宅 주택	①살림살이를 할 수 있도록 지은 집. ②사람이 살 수 있도록 지은 집. (宅 집 택)

丿 亻 亻 亻 仁 伫 住 住

물댈 주, 부을 주

氵(삼수변) 총 8획

注目 주목	①관심을 가지고 주의 깊게 살핌. 또는 그 시선. ②조심하고 경계하는 눈으로 살핌. 또는 그 시선. (目 눈 목)
注力 주력	어떤 일에 온 힘을 기울임. (力 힘 력)

、 冫 氵 氵 汁 汁 注 注

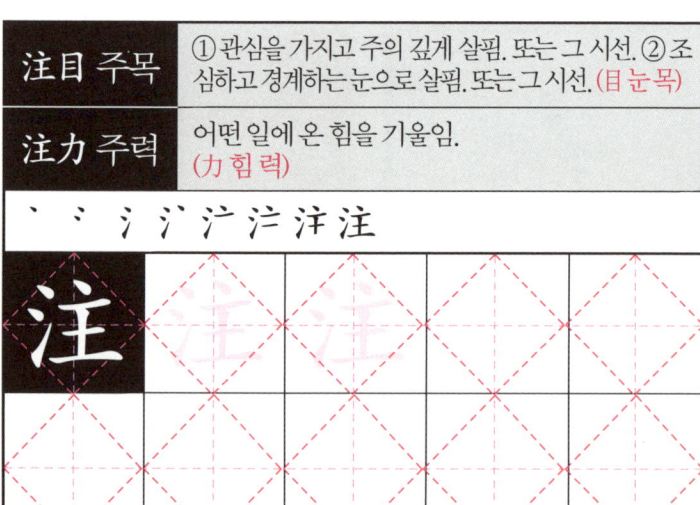

낮 주

日(날 일) 총 11획

晝間 주간	먼동이 터서 해가 지기 전까지의 동안. 낮. (間 사이 간)
晝夜 주야	①낮과 밤. ②밤낮. (夜 밤 야)

가운데 중

｜(뚫을곤) 총 4획

中心 중심	한가운데, 복판, 중요(重要)하고 기본(基本)이 되는 부분(部分). (心 마음 심)
心中 심중	마음속. (心 마음 심)

무거울 중

里(마을 리) 총 9획

尊重 존중	높이고 중(重)히 여김. (尊 높을 존)
重要 중요	매우 귀중(貴重)하고 소중(所重)함. (要 요긴할 요)

종이 지

糸(실사) 총 10획

休紙 휴지	못 쓰게 된 종이. 밑씻개나 코를 풀거나 하는 데 쓰는 종이. (休 쉴 휴)
便紙 편지	소식(消息)을 서로 알리거나 용건(用件)을 적어 보내는 글. 또는 그리하는 일. (便 편할 편)

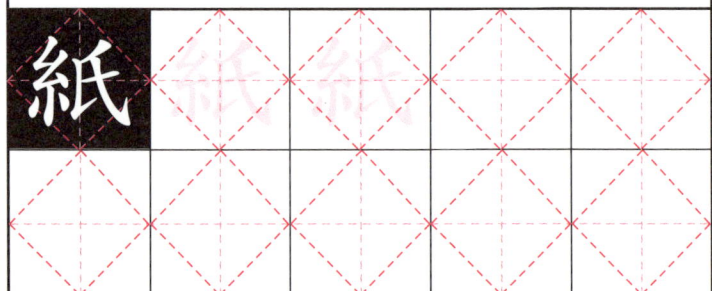

땅 지

土(흙토) 총 6획

地位 지위	개인(個人)이 차지하는 사회적(社會的) 위치(位置). (位 자리 위)
宅地 택지	집터. 집을 지을 땅. (宅 집 택)

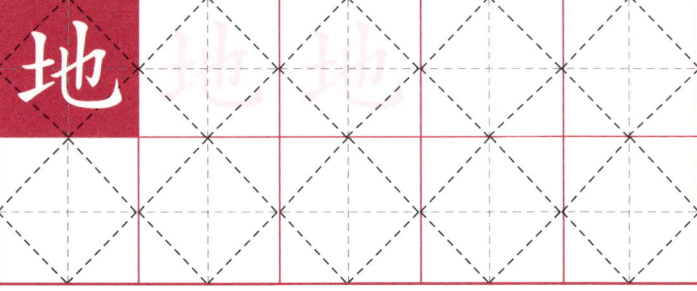

곧을 직

目(눈목) 총 8획

直接 직접	중간(中間)에 매개(媒介)나 거리(距離)·간격(間隔) 없이 바로 접함. (接 이을 접)
直後 직후	어떤 일이 있고 난 바로 다음. (後 뒤 후)

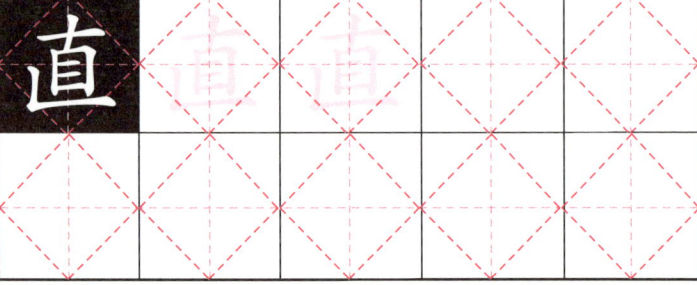

모을 집

隹(새추) 총 12획

集中 집중	① 한곳을 중심으로 하여 모임. 또는 그렇게 모음. ②한가지 일에 모든 힘을 쏟아부음. (中 가운데 중)
集合 집합	① 사람들을 한곳으로 모으거나 모임. ② 특정 조건에 맞는 원소들의 모임. (合 합할 합)

ノ 亻 亻 亻 亻 亻 佳 佳 隹 隹 集 集

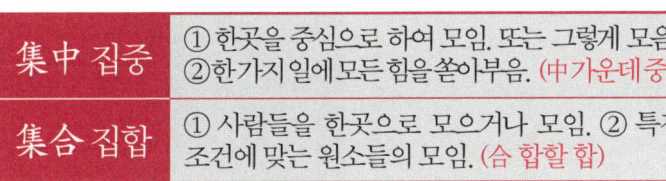

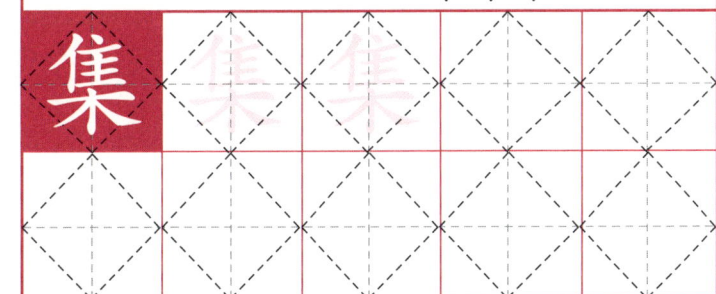

창 창

穴(구멍혈) 총 11획

窓戶 창호	온갖 창과 문을 통틀어 이르는 말. (戶 집 호)
窓門 창문	공기나 햇빛을 받을 수 있고, 밖을 내다볼 수 있도록 벽이나 지붕에 낸 문. (門 문 문)

丶 宀 宀 宀 空 空 空 窓 窓 窓

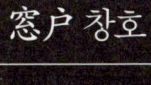

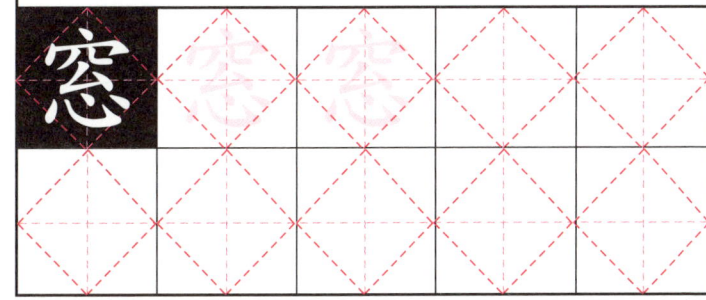

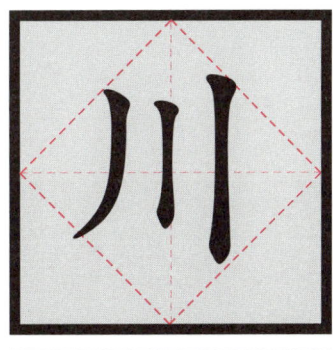

내 천

川(내천) 총 3획

河川 하천	강과 시내. (河 하천 하)
大川 대천	큰 내. 또는 이름난 내. (大 클 대, 큰 대)

ノ 丿 川

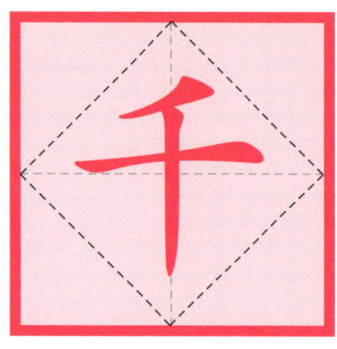

일천 천

十(열십) 총 3획

千里 천리	① 십(十) 리(里)의 백 갑절. ② 썩 먼 거리(距離). ③ 멀리 떨어져 있는 거리(距離). (里 마을 리)
千年 천년	① 백 년의 열 갑절. ② 썩 오랜 세월(歲月). (年 해 년)

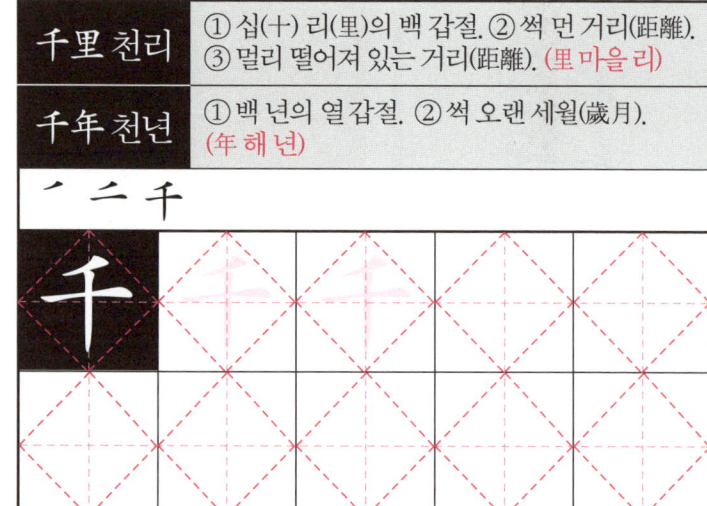

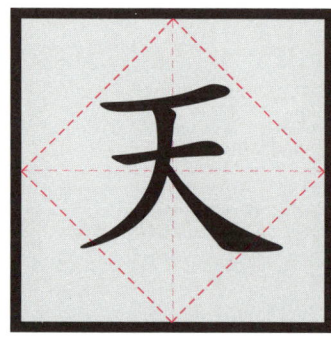

하늘 천

大(큰대) 총 4획

天地 천지	① 하늘과 땅. ② 우주(宇宙). (地 땅 지)
天然 천연	① 사람의 힘을 가(加)하지 않은 상태(狀態). ② 사람의 힘으로는 어떻게도 할 수 없는 상태(狀態). (然 그럴 연)

푸를 청

靑(푸를청) 총 8획

靑山 청산	나무가 무성(茂盛)하여 푸른 산(山). (山 메 산)
靑春 청춘	십 대 후반(後半)에서 이십 대에 걸치는, 인생(人生)의 젊은 나이. (春 봄 춘)

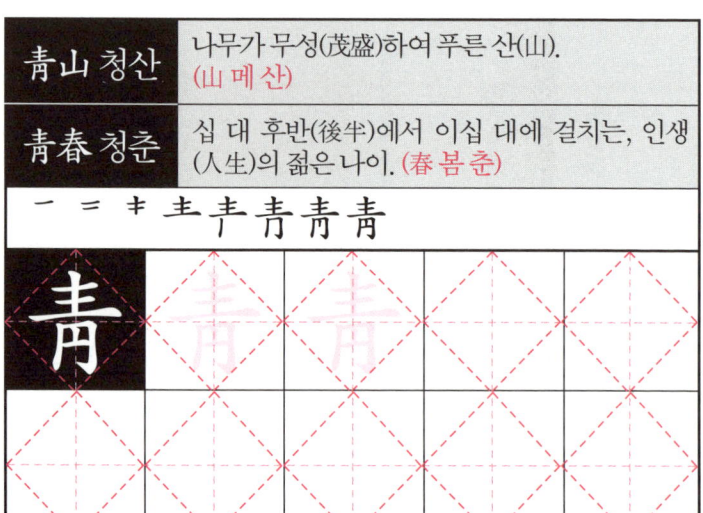

맑을 청

氵(삼수변) 총 11획

淸明 청명	① 날씨가 맑고 밝음. ② 소리가 맑고 밝음. ③ 형상이 깨끗하고 선명함. (明 밝을 명)
淸風 청풍	부드럽고 맑은 바람. (風 바람 풍)

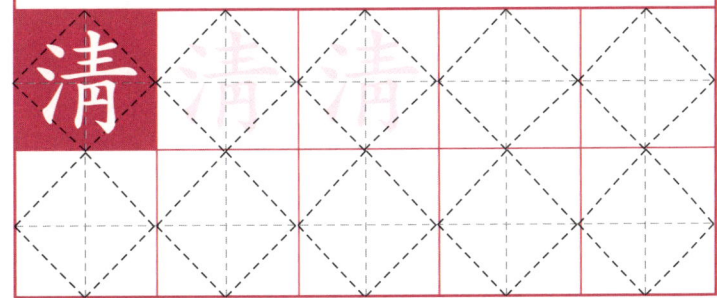

몸 체

骨(뼈골) 총 23획

物體 물체	① 구체적인 형태를 가지고 있는 것. ② 물건의 형체. (物 물건 물)
自體 자체	① 제 몸. ② 그 자신(自身). ③ 사물(事物)의 본새. (自 스스로 자)

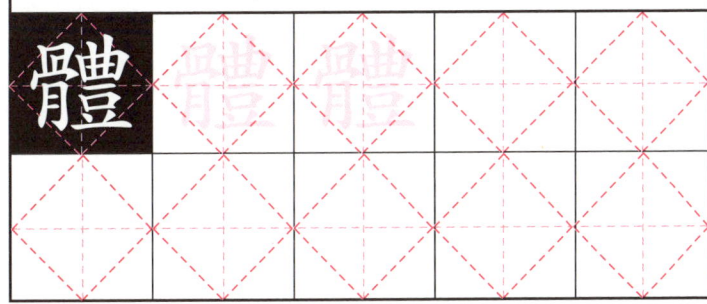

풀 초

⺿(초두머리) 총 10획

草木 초목	풀과 나무. (木 나무 목)
草家 초가	볏짚·밀짚·갈대 등으로 지붕을 인 집. 초가집. (家 집 가)

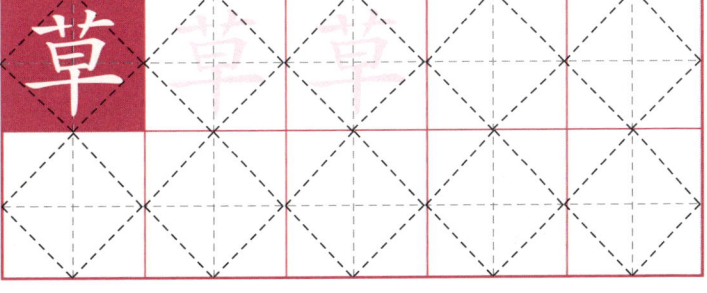

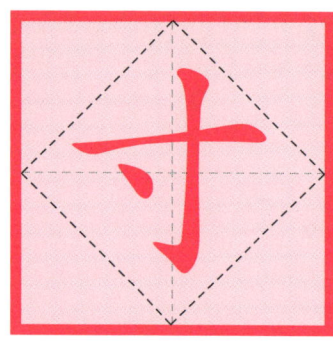

마디 촌
寸(마디촌) 총 3획

三寸 삼촌	한 자의 10분의 3, 즉 세 치, 또는 아버지의 친형제(親兄弟). (三 석 삼)
八寸 팔촌	여덟 치, 또는 삼종(三從) 형제(兄弟)되는 촌수(寸數). (八 여덟 팔)

一 十 寸

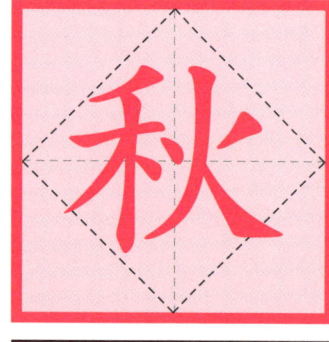

마을 촌
木(나무목) 총 7획

江村 강촌	강가에 있는 마을. (江 강 강)
山村 산촌	산 속에 있는 마을. 산간(山間)의 마을. (山 메 산)

一 十 才 木 村 村

가을 추
禾(벼화) 총 9획

秋收 추수	가을에 익은 곡식을 거두어들임. (收 거둘 수)
秋穀 추곡	가을에 수확하는 곡식. (穀 곡식 곡)

一 二 千 千 禾 禾 秒 秋 秋

봄 춘

日(날일) 총 9획

春景 춘경	봄철의 경치. (景 볕 경)
春夢 춘몽	봄에 꾸는 꿈이라는 뜻으로, 덧없는 인생을 비유적으로 이르는 말. (夢 꿈 몽)

一 二 三 声 夫 夫 春 春 春

날 출

凵(위튼입구몸) 총 5획

出發 출발	목적지(目的地)를 향하여 나아감. 또는 어떤 일을 시작(始作)함. 또는 그 시작(始作). (發 필 발)
脫出 탈출	어떤 상황이나 구속 따위에서 빠져나옴. (脫 벗을 탈)

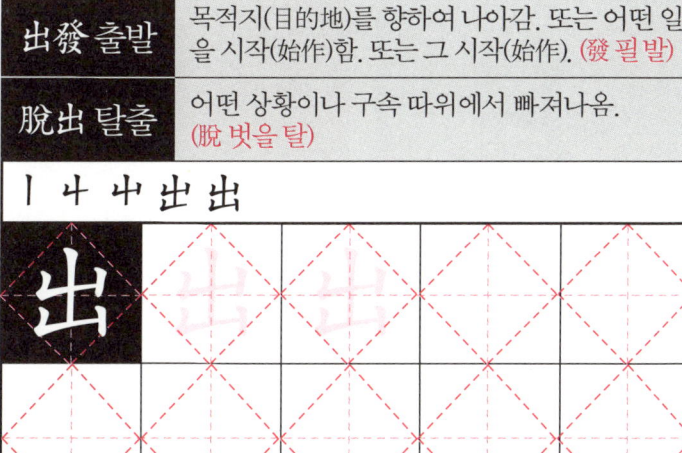

친할 친

見(볼견) 총 16획

親愛 친애	친밀히 사랑함. 또는 그 사랑. (愛 사랑 애)
親和 친화	① 사이좋게 잘 어울림. ② 서로 종류가 다른 물질이 화합함. 또는 그 현상. (和 화할 화)

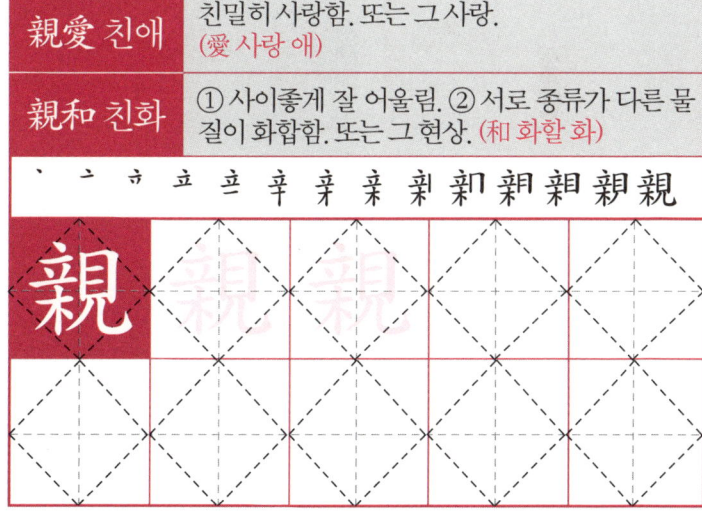

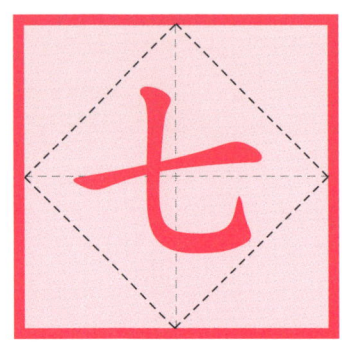

七言 칠언	한시(漢詩)에서 한 구가 일곱 글자로 이루어진 형식. (言 말씀 언)
七月 칠월	한 해의 열두 달 가운데 일곱째 달. (月 달 월)

一 七

일곱 칠

一(한일) 총 2획

太初 태초	하늘과 땅이 생겨난 맨 처음. (初 처음 초)
太平 태평	① 나라가 안정되어 아무 걱정 없고 평안함. ② 마음에 아무 근심 걱정이 없음. (平 평평할 평)

一 ナ 大 太

클 태

大(큰대) 총 4획

土地 토지	땅, 흙, 논밭, 집터, 터. (地 땅 지)
風土 풍토	기후(氣候)와 토지(土地)의 상태(狀態). (風 바람 풍)

一 十 土

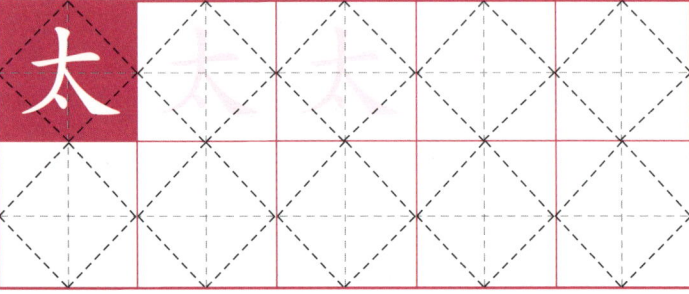

흙 토

土(흙토) 총 3획

통할 통

辶(책받침) 총 11획

通信 통신	① 소식을 전함. ② 우편이나 전신, 전화 따위로 정보나 의사를 전달함. (信 믿을 신)
交通 교통	자동차·기차·배·비행기 따위를 이용하여 사람이 오고가거나, 짐을 실어 나르는 일. (交 사귈 교)

フマア丙丙甬甬通通

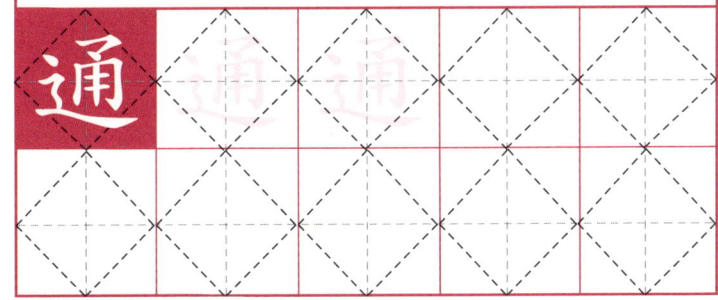

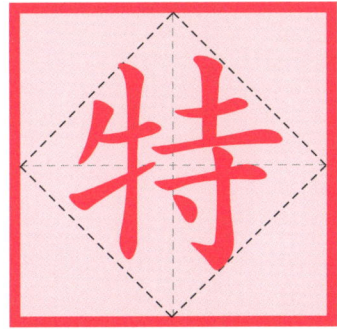

특별할 특, 수컷 특

牛(소우) 총 10획

特別 특별	보통과 구별되게 다름. (別 나눌 별)
特色 특색	보통의 것과 다른 점. (色 빛 색)

丿 亠 牛 牛 牜 牜 特 特 特

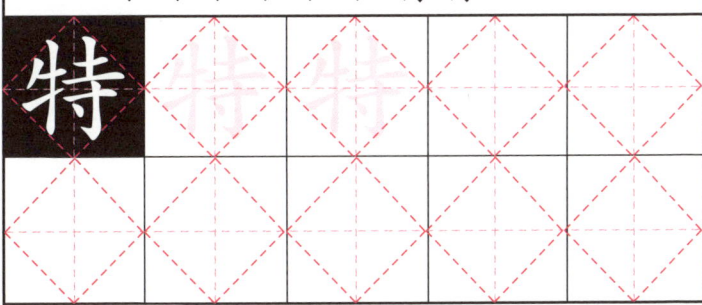

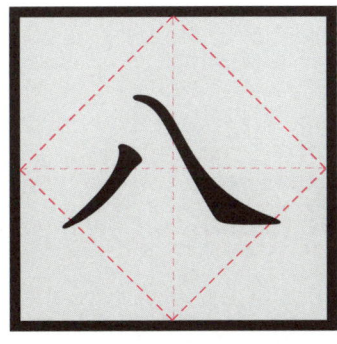

여덟 팔

八(여덟팔) 총 2획

八十 팔십	여든, 나이 여든 살. (十 열 십)
八月 팔월	일 년 중 여덟 번째의 달, 추석. (月 달 월)

丿 八

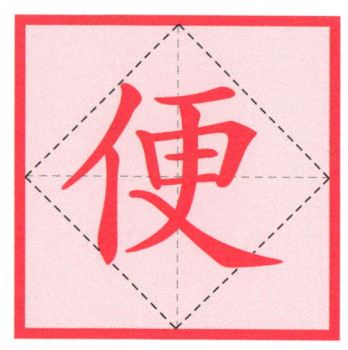

便利 편리	편하고 이로우며 이용하기 쉬움. (利 이로울 리)
小便 소변	오줌. (小 작을 소)

亻 亻 亻 仁 佰 佰 便 便

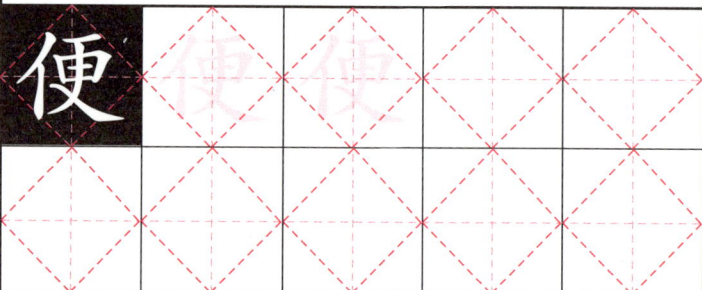

편할 편, 똥오줌 변

亻(사람인변) 총 9획

平和 평화	① 평온(平穩)하고 화목(和睦)함. ② 전쟁(戰爭), 분쟁 또는 일체의 갈등이 없이 평온함, 또는 그런 상태. (和 화할 화)
平等 평등	권리, 의무, 자격 등이 차별 없이 고르고 한결같음. (等 무리 등)

一 ㄧ ㄏ 二 平

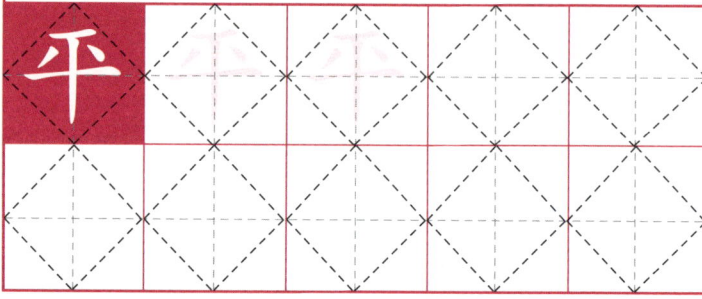

평평할 평

干(방패간) 총 5획

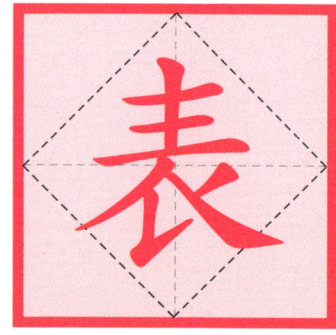

表面 표면	① 사물의 가장 바깥쪽. 또는 가장 윗부분. ② 겉으로 나타나거나 눈에 띄는 부분. (面 낯 면)
圖表 도표	여러 가지 자료를 분석하여 그 관계를 일정한 양식의 그림으로 나타낸 표. (圖 그림 도)

一 二 キ 主 丰 耒 耒 表

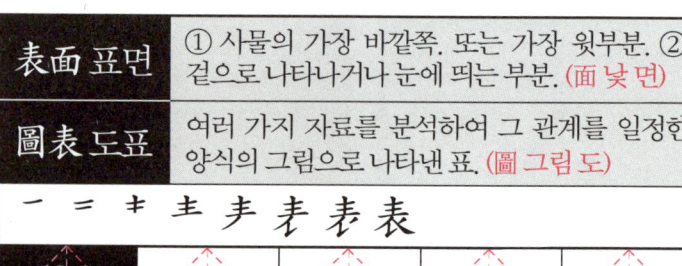
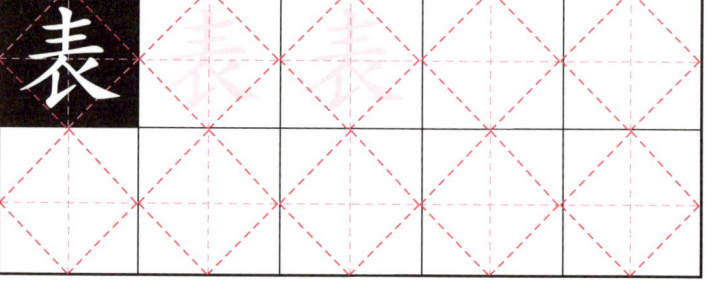

겉 표

衣(옷의) 총 8획

바람 풍

風(바람풍) 총 9획

風力 풍력	①바람의 세기. ②동력으로서의 바람의 힘. (力 힘 력)
風習 풍습	풍속(風俗)과 습관(習慣)을 아울러 이르는 말. (習 익힐 습)

丿 几 凡 凡 凨 凨 風 風 風

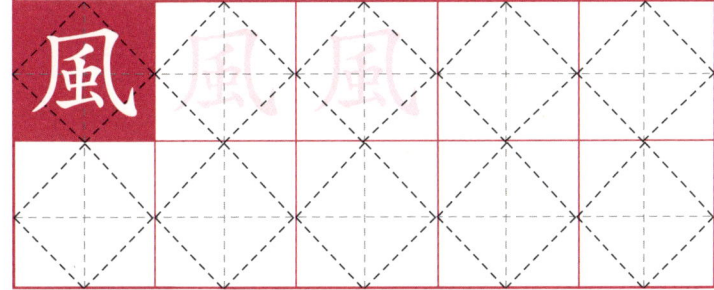

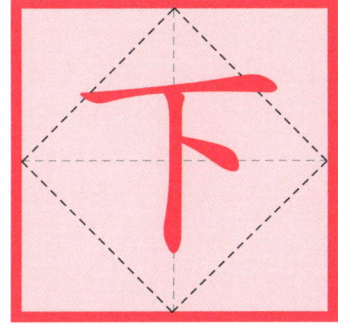

아래 하

一(한일) 총 3획

臣下 신하	임금을 섬기어 벼슬을 하는 자리에 있는 사람. (臣 신하 신)
下流 하류	① 강이나 내의 흘러가는 물의 아래편. ② 수준 따위가 낮은 부류. (流 흐를 류)

一 丅 下

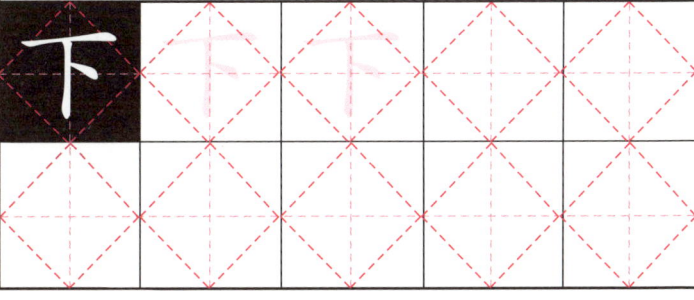

여름 하

夊(천천히걸을쇠발) 총 10획

淸夏 청하	맑고 산뜻한 여름. (淸 맑을 청)
夏服 하복	여름 옷. (服 옷 복)

一 丆 丆 丆 百 百 頁 夏 夏

배울 학

子(아들자) 총 16획

學派 학파	학문에서의 주장을 달리하는 갈래. (派 갈래 파)
學問 학문	어떤 분야를 체계적으로 배워서 익힘. 또는 그런 지식(知識). (問 물을 문)

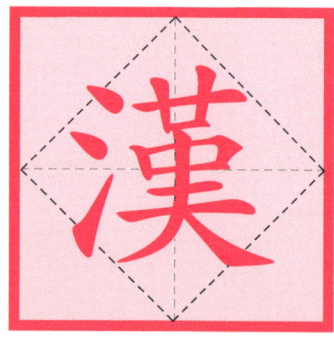

나라 이름 한, 한국 한

韋(가죽위) 총 17획

韓國 한국	대한민국(大韓民國)의 약칭(略稱). (國 나라 국)
韓服 한복	우리나라의 고유(固有)한 옷. (服 옷 복)

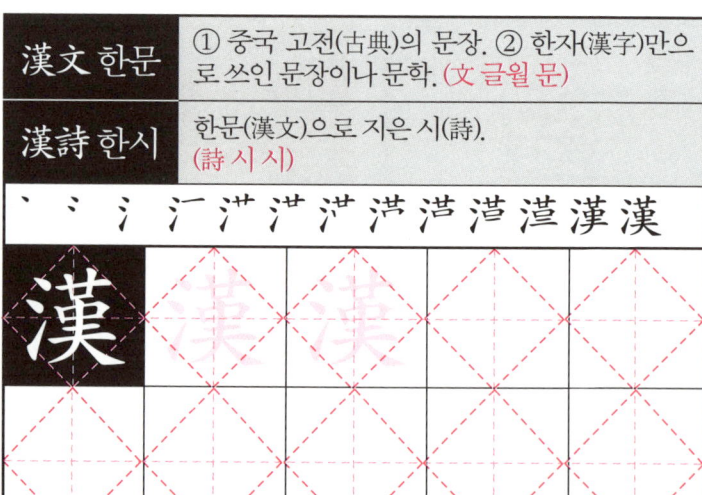

한수 한, 한나라 한

氵(삼수변) 총 14획

漢文 한문	① 중국 고전(古典)의 문장. ② 한자(漢字)만으로 쓰인 문장이나 문학. (文 글월 문)
漢詩 한시	한문(漢文)으로 지은 시(詩). (詩 시 시)

합할 합

口(입구) 총 6획

合格 합격	시험, 검사, 심사 따위에서 일정한 조건을 갖추어 어떠한 자격이나 지위 따위를 얻음. (格 격식 격)
合倂 합병	둘 이상의 기구나 단체, 나라 따위가 하나로 합쳐짐. 또는 그렇게 만듦. (倂 아우를 병)

ノ 人 人 𠆢 合 合

바다 해

氵(삼수변) 총 10획

海軍 해군	바다에서 전투(戰鬪)를 맡아 하는 군대(軍隊). (軍 군사 군)
海洋 해양	넓은 바다, 지구(地球)의 거죽에 큰 넓이로 짠물이 많이 괴어 있는 곳. (洋 물 양)

丶 丶 氵 汁 汇 汇 海 海 海 海

다행 행

干(방패간) 총 8획

幸福 행복	①복된좋은 운수. ②생활에서 충분한 만족과 기쁨을 느끼어 흐뭇함. 또는 그러한 상태. (福 복 복)
幸運 행운	좋은 운수. 또는 행복한 운수. (運 옮길 운)

一 十 土 幸 幸 幸 幸 幸

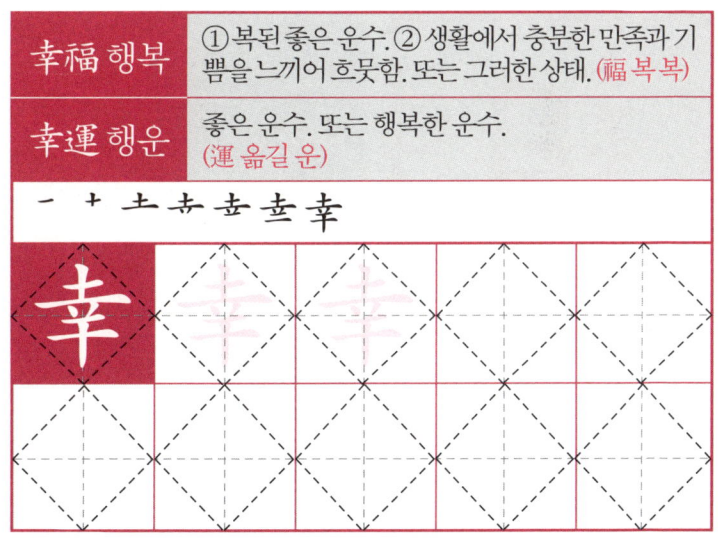

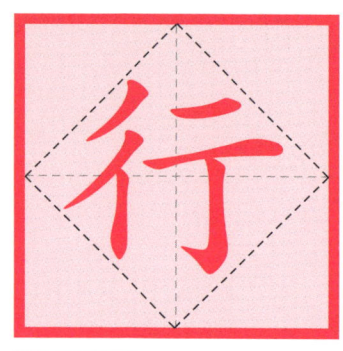

다닐 행

行(다닐행) 총 6획

行動 행동	몸을 움직여 동작을 하거나 어떤 일을 함. (動 움직일 동)
行事 행사	어떤 일을 시행함. 또는 그 일. (事 일 사)

丿 彳 彳 彳 行 行

향할 향

口(입구) 총 6획

向上 향상	실력, 수준, 기술 따위가 나아짐. 또는 나아지게 함. (上 위 상)
向後 향후	① 이다음. ② 뒤미처(그 뒤에 곧 잇따라) 오는 때나 자리. (後 뒤 후)

丿 丿 宀 向 向 向

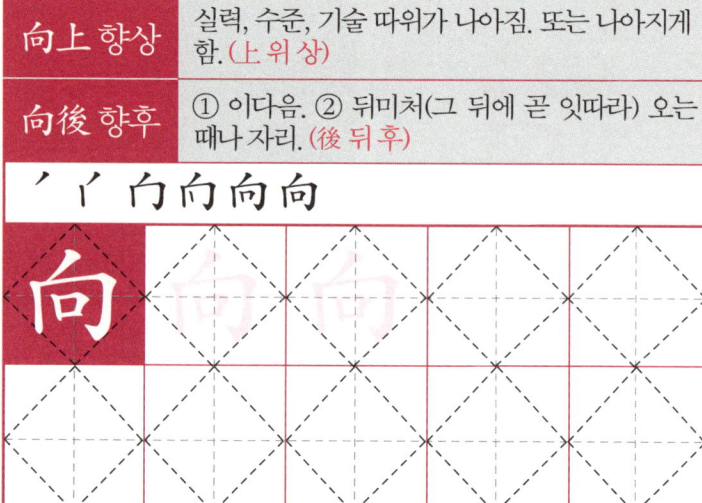

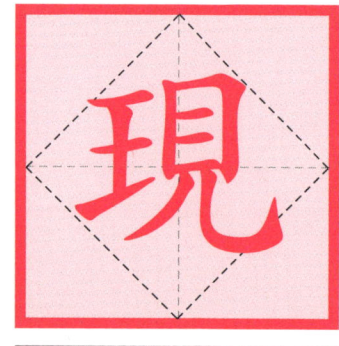

나타날 현

王(구슬옥변) 총 11획

現在 현재	① 지금의 시간. ② 기준으로 삼은 그 시점. (在 있을 재)
現場 현장	① 사물이 현재 있는 곳. ② 일이 생긴 그 자리. ③ 일을 실제 진행하거나 작업하는 그곳. (場 마당 장)

一 二 丅 王 王 玑 玑 玥 珇 現 現

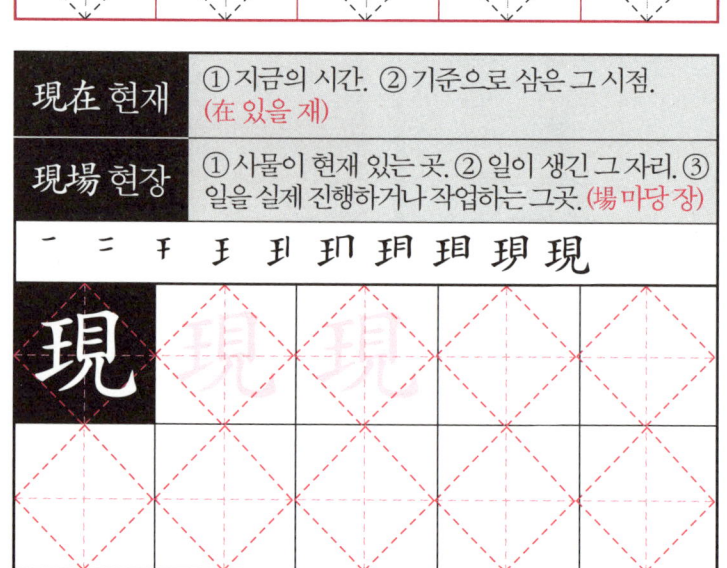

맏 형, 형 형

儿(어진사람인발) 총 5획

兄弟 형제	형과 아우. (弟 아우 제)
仁兄 인형	벗에 대한 높임말. 편지글에서 친구 사이에 상대편을 높여 이르는 이인칭 대명사. (仁 어질 인)

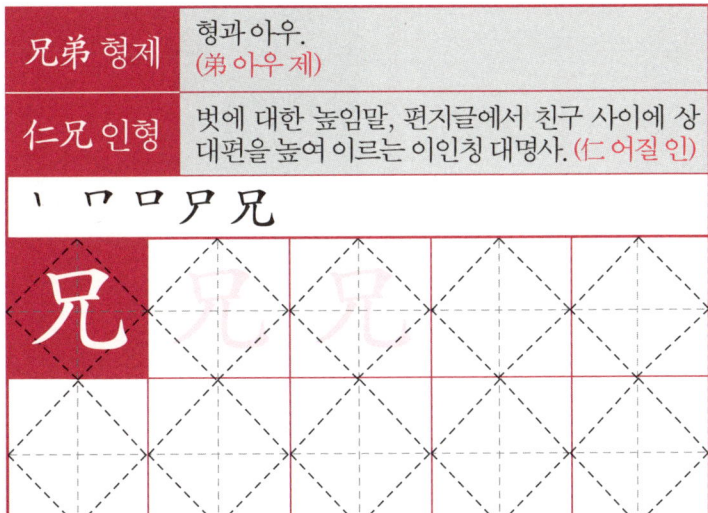

모양 형

彡(터럭삼) 총 7획

形成 형성	어떤 형상을 이룸. (成 이룰 성)
形象 형상	①사물의 생긴 모양이나 상태. ②마음과 감각에 의하여 떠오르는 대상을 떠올리거나 표현함. 또는 그런 형태. (象 코끼리 상)

이름 호, 부르짖을 호

虍(범호엄) 총 13획

口號 구호	집회나 시위 따위에서 어떤 요구나 주장 따위를 간결한 형식으로 표현한 문구. (口 입 구)
號召 호소	①불러내거나 불러옴. ②어떤 일에 참여하도록 마음이나 감정 따위를 불러일으킴. (召 부를 소)

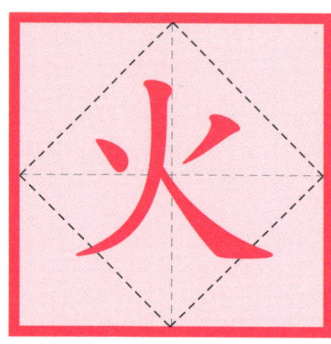

불 화

火(불화) 총 4획

火丘 화구	화산의 분출구 주변에 분출물이 모여서 된 언덕. (丘 언덕 구)
火災 화재	불이 나는 재앙(災殃) 또는, 불로 인한 재난(災難). (災 재앙 재)

丶 丷 少 火

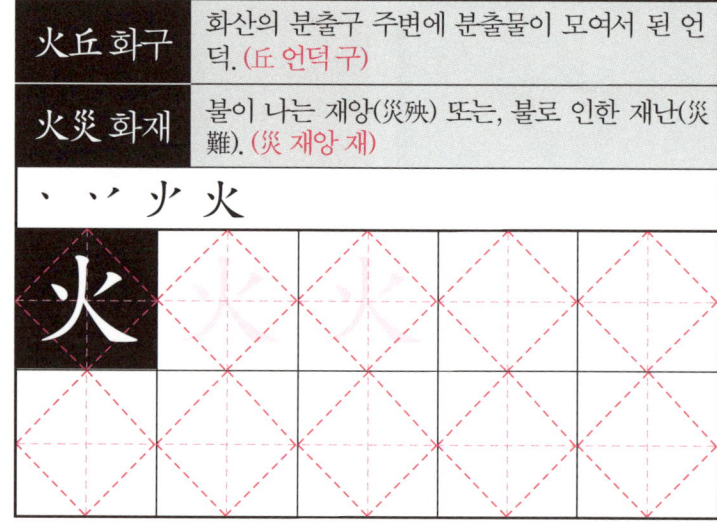

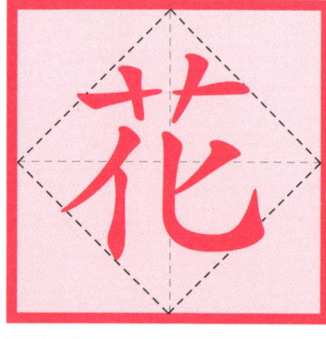

말씀 화, 이야기 화

言(말씀언) 총 13획

對話 대화	마주 대(對)하여 서로 의견(意見)을 주고받으며 이야기하는 것, 또는 그 이야기. (對 대할 대)
通話 통화	전화로 말을 주고받음. (通 통할 통)

丶 亠 亍 言 言 言 言 訐 話 話 話

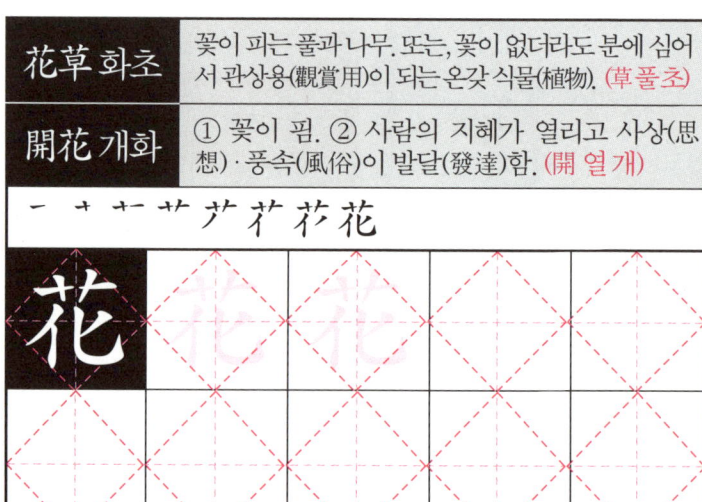

꽃 화

艹(초두머리) 총 8획

花草 화초	꽃이 피는 풀과 나무. 또는, 꽃이 없더라도 분에 심어서 관상용(觀賞用)이 되는 온갖 식물(植物). (草 풀 초)
開花 개화	① 꽃이 핌. ② 사람의 지혜가 열리고 사상(思想)·풍속(風俗)이 발달(發達)함. (開 열 개)

一 十 艹 艹 艾 花 花

화할 화
口(입구) 총 8획

和答 화답	시(詩)나 노래에 응하여 대답함. (答 대답할 답)
和合 화합	화목하게 어울림. (合 합할 합)

丿 二 千 千 禾 禾 和 和

그림 화
田(밭전) 총 12획

畫家 화가	그림 그리는 것을 직업으로 하는 사람. (家 집 가)
畫面 화면	① 그림 따위를 그린 면 ② 텔레비전이나 컴퓨터 따위에서 그림이나 영상이 나타나는 면 (面 낯 면)

一 ㄱ ㅋ ㅋ 聿 聿 書 書 書 書 畫 畫

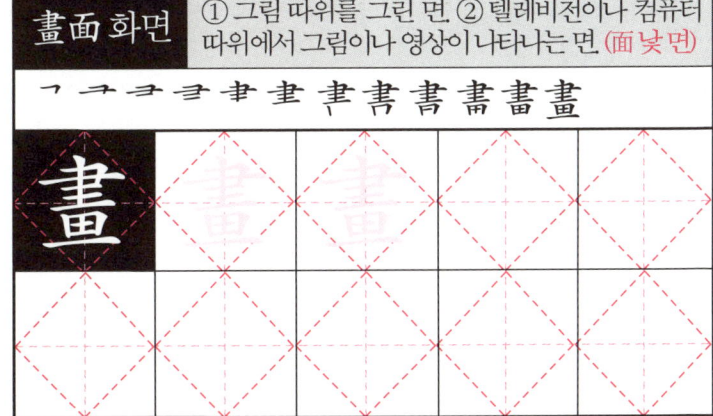

살 활
氵(삼수변) 총 9획

活力 활력	살아 움직이는 힘. (力 힘 력)
生活 생활	①사람이나 동물이 일정한 환경에서 활동(活動)하며 살아감. ②생계(生計)나 살림을 꾸려 나감. (生 날 생)

丶 丶 氵 氵 汗 汗 活 活 活

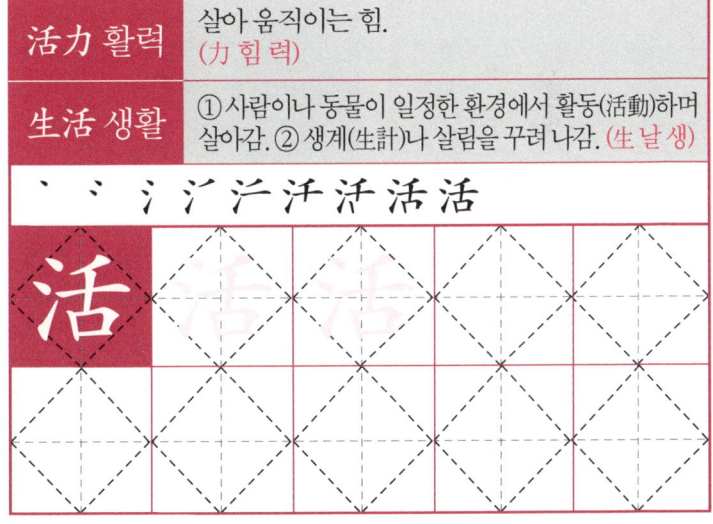

黃金 황금	① 누런빛의 금이라는 뜻으로, 금을 다른 금속과 구별하여 이르는 말. ② 돈이나 재물을 비유적으로 이르는 말. (金 쇠금, 성김)
黃土 황토	누렇고 거무스름한 흙. (土 흙토)

누를 황

黃(누를황) 총 12획

會社 회사	상행위 또는 그 밖의 영리 행위를 목적으로 하는 사단 법인. (社 모일 사)
會長 회장	① 모임을 대표하고 모임의 일을 총괄하는 사람. ② 회사에서 사장 위의 직책. (長 길 장)

모일 회

曰(가로왈) 총 13획

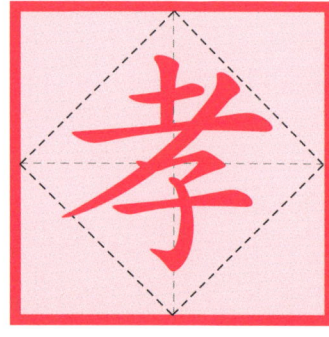

孝道 효도	부모(父母)를 잘 섬기는 도리(道理), 또는 부모(父母)를 정성껏 잘 섬기는 일. (道 길 도)
孝誠 효성	마음껏 어버이를 잘 섬기는 정성(精誠). (誠 정성 성)

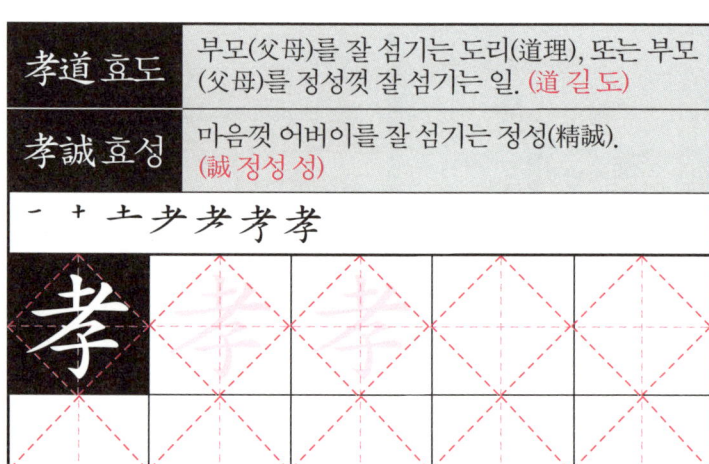

효도 효

子(아들자) 총 7획

뒤 후

彳(두인변) 총 9획

後退 후퇴	뒤로 물러남. (退 물러날 퇴)
後悔 후회	이전의 잘못을 깨치고 뉘우침. (悔 뉘우칠 회)

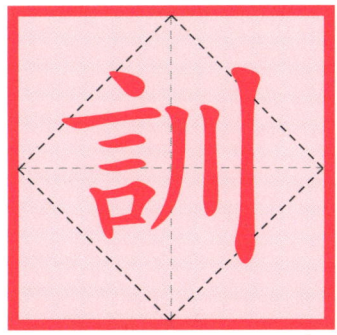

가르칠 훈

言(말씀언) 총 10획

訓手 훈수	바둑이나 장기 따위를 둘 때에 구경하던 사람이 끼어들어 수를 가르쳐 줌. (手 손 수)
訓長 훈장	① 글방의 선생. ② 학교에서 학생을 가르치는 사람을 예스럽게 이르는 말. (長 길 장)

쉴 휴

亻(사람인변) 총 6획

休暇 휴가	직장, 학교, 군대 따위의 단체에서 일정한 기간 동안 쉬는 일. 또는 그런 겨를. (暇 틈 가, 겨를 가)
連休 연휴	이틀 이상(以上) 휴일(休日)이 겹침. 또는 그런 휴일(休日). (連 잇닿을 연)

少年易老學難成
소 년 이 로 학 난 성

一寸光陰不可輕
일 촌 광 음 불 가 경

소년은 늙기 쉽고

배움은 이루기 어려우니

짧은 시간이라도

가볍게 여기지 말라.